Secretos de la Cocina China Sabores Milenarios en Tu Mesa

Juan Pérez

Indice

Introducción 10
Pollo con Brotes de Bambú 11
Jamón Al Vapor 12
Tocino con repollo 13
Pollo Almendrado 14
Pollo con Almendras y Castañas de Agua 16
Pollo con Almendras y Verduras 17
Pollo Al Anís 18
Pollo con albaricoques 20
Pollo con espárragos 21
Pollo Con Berenjena 22
Pollo enrollado con tocino 23
Pollo con brotes de soja 24
Pollo Con Salsa De Frijoles Negros 25
Pollo Con Brócoli 26
Pollo con repollo y maní 27
Pollo de nueces 28
Pollo Castaño 30
Pollo al pimiento picante 31
Pollo con chile salteado 32
Pollo Chop Suey 34
chow mein de pollo 35
Pollo Picante Frito Crujiente 37
Pollo Frito Con Pepino 38
Pollo Al Curry Con Chile 40
pollo al curry chino 41
Pollo al curry rápido 42
Pollo al curry con patatas 43
muslos de pollo frito 44
Pollo frito con salsa curry 45
pollo borracho 46
Pollo salado con huevos 47

Rollitos de huevo de gallina 49
Pollo estofado con huevos 51
Pollo del Lejano Oriente 53
Pollo Foo Yung 54
Foo Yung De Jamón Y Pollo 55
Pollo Frito Con Jengibre 56
Pollo Al Jengibre 57
Pollo Al Jengibre Con Champiñones Y Castañas 58
pollo dorado 59
Guiso De Pollo Dorado Marinado 60
Monedas de oro 62
Pollo al vapor con jamón 63
Pollo con salsa hoisin 64
Pollo A La Miel 65
Pollo kung pao 66
Pollo con puerros 67
Pollo al limón 68
Salteado De Pollo Al Limón 70
Hígados de pollo con brotes de bambú 71
hígados de pollo frito 72
Hígados de pollo con tirabeques 73
Hígados de pollo con tortitas de fideos 74
Hígados de pollo con salsa de ostras 75
Hígados de Pollo con Piña 76
Hígados de pollo agridulces 77
Pollo Lichi 78
Pollo con salsa de lichi 79
Pollo con sarna 80
pollo al mango 81
Melón relleno de pollo 82
Salteado de pollo y champiñones 83
Pollo con Champiñones y Maní 84
Pollo salteado con champiñones 86
Pollo al vapor con champiñones 87
pollo con cebolla 88
Pollo A La Naranja Y Limón 89

Pollo con salsa de ostras *90*
paquete de pollo *91*
Pollo Con Maní *92*
Pollo Con Mantequilla De Maní *93*
Pollo Con Guisantes *94*
Pollo Pekinés *95*
Pollo a la pimienta *96*
Pollo salteado con pimientos *98*
Pollo y Piña *100*
Pollo con piña y lichi *101*
Pollo con Cerdo *102*
Pollo Estofado Con Patatas *103*
Pollo A Las Cinco Especias Con Patatas *104*
Pollo Cocido Rojo *105*
Albóndigas de pollo *106*
Pollo Sabroso *107*
Pollo con aceite de sésamo *108*
Pollo al Jerez *109*
Pollo Con Salsa De Soja *110*
Pollo Al Horno Picante *111*
Pollo Con Espinacas *112*
rollo de pollo chino *113*
Salteado De Pollo Sencillo *115*
Pollo en salsa de tomate *116*
pollo con tomates *117*
Pollo escalfado con tomates *118*
Pollo Y Tomates Con Salsa De Frijoles Negros *119*
Pollo Cocido Rápidamente Con Verduras *120*
Pollo con nueces *121*
Pollo Con Nueces *122*
Pollo con castañas de agua *123*
Pollo salado con castañas de agua *124*
wonton de pollo *125*
Alitas de pollo crujientes *126*
Alitas de pollo con cinco especias *127*
Alitas de pollo marinadas *128*

Alitas de pollo reales 130
Alitas de pollo picantes 131
Muslos De Pollo A La Barbacoa 132
Muslos De Pollo Hoisin 133
pollo estofado 134
Pollo frito crujiente 135
pollo frito entero 136
Pollo a las cinco especias 137
Pollo con jengibre y cebolletas 139
pollo escalfado 140
Pollo Cocido Rojo 141
Pollo especiado cocido al rojo 142
Pollo Asado Con Sésamo 143
Pollo Con Salsa De Soja 144
pollo al vapor 145
Pollo al vapor con anís 146
Pollo de sabor extraño 147
Trozos de pollo crujientes 148
Pollo con Judías Verdes 149
Pollo Cocido Con Piña 150
Pollo Con Pimientos Y Tomates 151
Pollo al sésamo 152
pollitos fritos 153
Pavo con tirabeques 154
Pavo con Pimientos 156
pavo asado chino 158
Pavo con Nueces y Champiñones 159
Pato con Brotes de Bambú 160
Pato con brotes de soja 161
Pato estofado 162
Pato al vapor con apio 163
Pato con Jengibre 164
Pato con Judías Verdes 165
Pato frito al vapor 166
Pato con Frutas Exóticas 167
Pato Estofado Con Hojas Chinas 169

pato borracho	*170*
Pato con cinco especias	*171*
Pato salteado con jengibre	*172*
Pato con Jamón y Puerros	*173*
Pato asado con miel	*174*
Pato asado suave	*175*
Pato salteado con champiñones	*176*
Pato con Dos Setas	*178*
Pato estofado con cebolla	*179*
Pato a la naranja	*181*
Pato asado con naranja	*182*
Pato con Peras y Castañas	*183*
Pato Pekín	*184*
Pato estofado con piña	*186*
Pato salteado con piña	*187*
Pato, Piña y Jengibre	*188*
Pato con Piña y Lichis	*189*
Pato con Cerdo y Castañas	*190*
pato con patatas	*191*
pato rojo	*193*
Pato asado al vino de arroz	*194*
Pato al vapor con vino de arroz	*195*
Pato sabroso	*196*
Pato salado con judías verdes	*197*
Pato Guisado	*198*
Pato Salteado	*200*
Pato con batatas	*201*
Pato agridulce	*203*
Pato mandarín	*204*
Pato con Verduras	*205*
Pato salteado con verduras	*207*
pato blanco	*208*
pato al vino	*209*
Pato al vapor al vino	*210*
haciendo viernes	*211*
faisán con almendras	*212*

Venado con Champiñones Secos 213
huevos salados 214

Introducción

A todo aquel que ama la cocina le encanta experimentar con nuevos platos y nuevas sensaciones gustativas. La cocina asiática se ha vuelto inmensamente popular en los últimos años ya que ofrece una gama diferente de sabores para saborear. La mayoría de los platos se cocinan en la estufa y muchos se preparan y cocinan rápidamente, por lo que son ideales para el cocinero ocupado que desea crear un plato atractivo y delicioso cuando hay poco tiempo libre. Si realmente te encanta la cocina del Lejano Oriente, probablemente ya tengas un wok y es el utensilio perfecto para cocinar la mayoría de los platos del libro. Si aún no estás convencido de que este estilo de cocina sea para ti, utiliza una buena sartén o cacerola para probar las recetas.

Pollo con Brotes de Bambú

Para 4 personas

45 ml/3 cucharadas de aceite de maní
1 diente de ajo, machacado
1 cebolleta (cebolla verde), picada
1 rodaja de raíz de jengibre, picada
225 g/8 oz de pechuga de pollo, cortada en tiras
225 g/8 oz de brotes de bambú, cortados en tiras
45 ml/3 cucharadas de salsa de soja
15 ml/1 cucharada de vino de arroz o jerez seco
5 ml/1 cucharadita de maicena (maicena)

Calentar el aceite y sofreír los ajos, las cebolletas y el jengibre hasta que estén ligeramente dorados. Agrega el pollo y dora por 5 minutos. Agrega los brotes de bambú y sofríe durante 2 minutos. Agregue la salsa de soja, el vino o el jerez y la maicena y saltee durante unos 3 minutos hasta que el pollo esté bien cocido.

Jamón Al Vapor

Para 6 a 8 personas

900 g/2 lb de jamón fresco
30 ml/2 cucharadas de azúcar moreno
60 ml/4 cucharadas de vino de arroz o jerez seco

Coloque el jamón en una fuente resistente al calor sobre una rejilla, tápelo y cocine al vapor en agua hirviendo durante aproximadamente 1 hora. Añade el azúcar y el vino o jerez al plato, tapa y cocina al vapor durante 1 hora más o hasta que el jamón esté cocido. Dejar enfriar en el bol antes de cortar.

Tocino con repollo

Para 4 personas

4 rebanadas de tocino en rodajas finas, peladas y picadas
2,5 ml/½ cucharadita de sal
1 rodaja de raíz de jengibre, picada
½ repollo rallado
75 ml/5 cucharadas de caldo de pollo
15 ml/1 cucharada de salsa de ostras

Fríe el tocino hasta que esté crujiente y luego retíralo de la sartén. Agrega sal y jengibre y saltea durante 2 minutos. Agregue el repollo y mezcle bien, luego agregue el tocino y agregue el caldo, cubra y cocine a fuego lento durante unos 5 minutos hasta que el repollo esté tierno pero aún ligeramente crujiente. Agregue la salsa de ostras, cubra y cocine a fuego lento durante 1 minuto antes de servir.

Pollo Almendrado

Para 4 a 6 personas

375 ml/13 oz/1½ taza de caldo de pollo

60 ml/4 cucharadas de vino de arroz o jerez seco

45 ml/3 cucharadas de maicena (maicena)

15 ml/1 cucharada de salsa de soja

4 pechugas de pollo

1 clara de huevo

2,5 ml/½ cucharadita de sal

aceite para freír

75 g/3 oz/½ taza de almendras blanqueadas

1 zanahoria grande, cortada en cubitos

5 ml/1 cucharadita de raíz de jengibre rallada

6 cebolletas (cebolletas verdes), cortadas en rodajas

3 tallos de apio, en rodajas

100 g/4 oz de champiñones, rebanados

100 g/4 oz de brotes de bambú, en rodajas

Combine el caldo, la mitad del vino o jerez, 30 ml/2 cucharadas de maicena y la salsa de soja en una cacerola. Llevar a ebullición, revolviendo, luego cocinar a fuego lento durante 5 minutos hasta que la mezcla espese. Retirar del fuego y mantener caliente.

Retire la piel y los huesos del pollo y córtelo en trozos de 2,5 cm/1 pulgada. Mezclar el resto del vino o jerez y la maicena, la clara de huevo y la sal, añadir los trozos de pollo y mezclar bien. Calentar el aceite y freír los trozos de pollo de a pocos durante unos 5 minutos hasta que estén dorados. Escurrir bien. Retire todo menos 30 ml/2 cucharadas de aceite de la sartén y saltee las almendras durante 2 minutos hasta que estén doradas. Escurrir bien. Agrega la zanahoria y el jengibre a la sartén y saltea durante 1 minuto. Agregue las verduras restantes y saltee durante unos 3 minutos hasta que estén tiernas y crujientes.

Pollo con Almendras y Castañas de Agua

Para 4 personas

6 champiñones chinos secos
4 piezas de pollo deshuesado
100 g/4 oz de almendras molidas
sal y pimienta recién molida
60 ml/4 cucharadas de aceite de maní
100 g/4 oz de castañas de agua, en rodajas
75 ml/5 cucharadas de caldo de pollo
30 ml/2 cucharadas de salsa de soja

Remojar los champiñones en agua tibia durante 30 minutos y luego escurrirlos. Deseche los tallos y corte las tapas. Corta el pollo en rodajas finas. Sazone las almendras generosamente con sal y pimienta y cubra las rodajas de pollo con las almendras. Calentar el aceite y freír el pollo hasta que esté ligeramente dorado. Agrega los champiñones, las castañas de agua, el caldo y la salsa de soja, lleva a ebullición, tapa y cocina a fuego lento durante unos minutos hasta que el pollo esté cocido.

Pollo con Almendras y Verduras

Para 4 personas

75 ml/5 cucharadas de aceite de maní

4 rodajas de raíz de jengibre, picadas

5 ml/1 cucharadita de sal

100 g/4 oz de col china rallada

50 g de brotes de bambú, cortados en cubitos

50 g/2 oz de champiñones cortados en cubitos

2 tallos de apio, cortados en cubitos

3 castañas de agua, cortadas en cubitos

120 ml/4 oz/½ taza de caldo de pollo

225 g/8 oz de pechuga de pollo cortada en cubitos

15 ml/1 cucharada de vino de arroz o jerez seco

50 g/2 oz de guisantes tirabeques

100 g/4 oz de almendras laminadas, tostadas

10 ml/2 cucharaditas de maicena (maicena)

15 ml/1 cucharada de agua

Calentar la mitad del aceite y sofreír el jengibre y la sal durante 30 segundos. Añade la col, los brotes de bambú, las setas, el apio y las castañas de agua y sofríe durante 2 minutos. Agrega el caldo, lleva a ebullición, tapa y cocina a fuego lento durante 2 minutos. Retire las verduras y la salsa de la sartén. Calienta el aceite restante y dora el pollo durante 1 minuto. Agrega el vino o jerez y dora durante 1 minuto. Regrese las verduras a la sartén con la sarna y las almendras y cocine a fuego lento durante 30 segundos. Mezcle la harina de maíz y el agua hasta formar una pasta, agregue la salsa y cocine a fuego lento, revolviendo, hasta que la salsa espese.

Pollo Al Anís

Para 4 personas

75 ml/5 cucharadas de aceite de maní

2 cebollas picadas

1 diente de ajo, picado

2 rodajas de raíz de jengibre, picada

15 ml/1 cucharada de harina común (para todo uso)

30 ml/2 cucharadas de curry en polvo

450 g/1 lb de pollo, cortado en cubos

15 ml/1 cucharada de azúcar

30 ml/2 cucharadas de salsa de soja

450 ml/¾ taza/2 tazas de caldo de pollo

2 vainas de anís estrellado

225 g/8 oz de patatas cortadas en cubitos

Calentar la mitad del aceite y sofreír las cebollas hasta que estén ligeramente doradas, luego retirarlas de la sartén. Calienta el resto del aceite y sofríe el ajo y el jengibre durante 30 segundos. Agregue la harina y el curry en polvo y cocine por 2 minutos. Regrese las cebollas a la sartén, agregue el pollo y saltee durante 3 minutos. Agrega el azúcar, la salsa de soja, el caldo y el anís, lleva a ebullición, tapa y cocina a fuego lento durante 15 minutos. Añade las patatas, vuelve a hervir, tapa y cocina a fuego lento durante 20 minutos más hasta que estén tiernas.

Pollo con albaricoques

Para 4 personas

4 piezas de pollo
sal y pimienta recién molida
pizca de jengibre molido
60 ml/4 cucharadas de aceite de maní
225 g/8 oz de albaricoques enlatados, cortados por la mitad
300 ml/½ pt/1¼ taza de salsa agridulce
30 ml/2 cucharadas de almendras laminadas, tostadas

Sazona el pollo con sal, pimienta y jengibre. Calentar el aceite y freír el pollo hasta que esté ligeramente dorado. Tape y cocine durante unos 20 minutos hasta que estén tiernos, volteándolos de vez en cuando. Escurrir el aceite. Agregue los albaricoques y la salsa a la sartén, lleve a ebullición, cubra y cocine a fuego lento durante unos 5 minutos o hasta que esté completamente caliente. Adorne con almendras laminadas.

Pollo con espárragos

Para 4 personas

45 ml/3 cucharadas de aceite de maní

5 ml/1 cucharadita de sal

1 diente de ajo, machacado

1 cebolleta (cebolla verde), picada

1 pechuga de pollo, en rodajas

30 ml/2 cucharadas de salsa de frijoles negros

350 g/12 oz de espárragos, cortados en trozos de 2,5 cm/1 en trozos

120 ml/4 oz/½ taza de caldo de pollo

5 ml/1 cucharadita de azúcar

15 ml/1 cucharada de maicena (maicena)

45 ml/3 cucharadas de agua

Calentar la mitad del aceite y sofreír la sal, el ajo y la cebolleta hasta que se dore ligeramente. Agrega el pollo y sofríe hasta que esté ligeramente dorado. Agrega la salsa de frijoles negros y revuelve para cubrir el pollo. Añade los espárragos, el caldo y el azúcar, lleva a ebullición, tapa y cocina a fuego lento durante 5 minutos hasta que el pollo esté tierno. Mezcle la maicena y el agua para hacer una pasta, revuélvala en la sartén y cocine a fuego lento, revolviendo, hasta que la salsa se aclare y espese.

Pollo Con Berenjena

Para 4 personas

225 g/8 oz de pollo, en rodajas
15 ml/1 cucharada de salsa de soja
15 ml/1 cucharada de vino de arroz o jerez seco
15 ml/1 cucharada de maicena (maicena)
1 berenjena (berenjena), pelada y cortada en tiras
30 ml/2 cucharadas de aceite de maní
2 pimientos rojos secos
2 dientes de ajo machacados
75 ml/5 cucharadas de caldo de pollo

Coloca el pollo en un bol. Mezclar la salsa de soja, el vino o jerez y la maicena, añadir al pollo y dejar reposar 30 minutos. Blanquear las berenjenas en agua hirviendo durante 3 minutos y escurrirlas bien. Calentar el aceite y sofreír los pimientos hasta que se pongan negros, luego retirar y desechar. Agrega el ajo y el pollo y saltea hasta que estén ligeramente dorados. Añade el caldo y la berenjena, lleva a ebullición, tapa y cocina a fuego lento durante 3 minutos, revolviendo ocasionalmente.

Pollo enrollado con tocino

Para 4 a 6 personas
225 g/8 oz de pollo, cortado en cubos
30 ml/2 cucharadas de salsa de soja
15 ml/1 cucharada de vino de arroz o jerez seco
5 ml/1 cucharadita de azúcar
5 ml/1 cucharadita de aceite de sésamo
sal y pimienta recién molida
225 g/8 oz de rebanadas de tocino
1 huevo, ligeramente batido
100 g/4 oz de harina común (para todo uso)
aceite para freír
4 tomates, rebanados

Mezclar el pollo con la salsa de soja, el vino o jerez, el azúcar, el aceite de sésamo, la sal y la pimienta. Cubra y deje marinar durante 1 hora, revolviendo ocasionalmente, luego retire el pollo y deseche la marinada. Corta el tocino en trozos y envuélvelo alrededor de los cubos de pollo. Batir los huevos con la harina hasta obtener una masa espesa, añadiendo un poco de leche si es necesario. Sumerge los cubos en la masa. Calentar el aceite y freír los cubitos hasta que estén dorados y bien cocidos. Servir adornado con tomates.

Pollo con brotes de soja

Para 4 personas

45 ml/3 cucharadas de aceite de maní

1 diente de ajo, machacado

1 cebolleta (cebolla verde), picada

1 rodaja de raíz de jengibre, picada

225 g/8 oz de pechuga de pollo, cortada en tiras

225 g/8 oz de brotes de soja

45 ml/3 cucharadas de salsa de soja

15 ml/1 cucharada de vino de arroz o jerez seco

5 ml/1 cucharadita de maicena (maicena)

Calentar el aceite y sofreír los ajos, las cebolletas y el jengibre hasta que estén ligeramente dorados. Agrega el pollo y dora por 5 minutos. Agrega los brotes de soja y saltea durante 2 minutos.

Agregue la salsa de soja, el vino o el jerez y la maicena y saltee durante unos 3 minutos hasta que el pollo esté bien cocido.

Pollo Con Salsa De Frijoles Negros

Para 4 personas

30 ml/2 cucharadas de aceite de maní

5 ml/1 cucharadita de sal

30 ml/2 cucharadas de salsa de frijoles negros

2 dientes de ajo machacados

450 g/1 libra de pollo cortado en cubitos

250 ml/8 oz/1 taza de caldo

1 pimiento verde, cortado en cubitos

1 cebolla, picada

15 ml/1 cucharada de salsa de soja

pimienta recién molida

15 ml/1 cucharada de maicena (maicena)

45 ml/3 cucharadas de agua

Calienta el aceite y sofríe la sal, los frijoles negros y el ajo durante 30 segundos. Agrega el pollo y sofríe hasta que esté ligeramente dorado. Añade el caldo, lleva a ebullición, tapa y cocina a fuego lento durante 10 minutos. Agrega el pimiento morrón, la cebolla, la salsa de soja y el pimiento, tapa y cocina a fuego lento durante otros 10 minutos. Mezcle la harina de maíz y el agua para hacer una pasta, agregue la salsa y cocine a fuego lento, revolviendo, hasta que la salsa espese y el pollo esté tierno.

Pollo Con Brócoli

Para 4 personas

450 g/1 libra de carne de pollo, cortada en cubitos
225 g/8 oz de hígados de pollo
45 ml/3 cucharadas de harina común (para todo uso)
45 ml/3 cucharadas de aceite de maní
1 cebolla, picada
1 pimiento rojo, cortado en cubitos
1 pimiento verde, cortado en cubitos
225 g/8 oz de floretes de brócoli
4 rodajas de piña, cortadas en cubitos
30 ml/2 cucharadas de puré de tomate (pasta)
30 ml/2 cucharadas de salsa hoisin
30 ml/2 cucharadas de miel

30 ml/2 cucharadas de salsa de soja
300 ml/½ pt/1 ¼ taza de caldo de pollo
10 ml/2 cucharaditas de aceite de sésamo

Mezclar el pollo y los hígados de pollo con la harina. Calentar el aceite y dorar el hígado durante 5 minutos y luego retirarlo de la sartén. Agrega el pollo, tapa y dora a fuego medio durante 15 minutos, revolviendo ocasionalmente. Agrega las verduras y la piña y saltea durante 8 minutos. Regrese los hígados al wok, agregue el resto de los ingredientes y deje hervir. Cocine a fuego lento, revolviendo, hasta que la salsa espese.

Pollo con repollo y maní

Para 4 personas

45 ml/3 cucharadas de aceite de maní
30 ml/2 cucharadas de maní
450 g/1 libra de pollo cortado en cubitos
½ repollo, cortado en cuadritos
15 ml/1 cucharada de salsa de frijoles negros
2 pimientos rojos, rebanados
5 ml/1 cucharadita de sal

Calentar un poco de aceite y sofreír los cacahuetes durante unos minutos removiendo continuamente. Retirar, escurrir y triturar. Calentar el aceite restante y sofreír el pollo y el repollo hasta que estén ligeramente dorados. Retirar de la sartén. Agrega la salsa de frijoles negros y los chiles y saltea durante 2 minutos. Regrese el pollo y el repollo a la sartén con el maní triturado y sazone con sal. Saltee hasta que esté completamente caliente, luego sirva inmediatamente.

Pollo de nueces

Para 4 personas

30 ml/2 cucharadas de salsa de soja

30 ml/2 cucharadas de maicena (maicena)

15 ml/1 cucharada de vino de arroz o jerez seco

350 g/12 oz de pollo cortado en cubos

45 ml/3 cucharadas de aceite de maní

2,5 ml/½ cucharadita de sal

2 dientes de ajo machacados

225 g/8 oz de champiñones, rebanados

100 g/4 oz de castañas de agua, en rodajas

100 g de brotes de bambú

50 g/2 oz de guisantes tirabeques

225 g/8 oz/2 tazas de anacardos

300 ml/½ pt/1¼ taza de caldo de pollo

Mezclar la salsa de soja, la maicena y el vino o jerez, verter sobre el pollo, tapar y dejar marinar al menos 1 hora. Calentar 30ml/2 cucharadas de aceite con la sal y el ajo y sofreír hasta que el ajo esté ligeramente dorado. Agrega el pollo con la marinada y saltea durante 2 minutos hasta que el pollo esté ligeramente dorado. Añade las setas, las castañas de agua, los brotes de bambú y el sarna y sofríe durante 2 minutos. Mientras tanto, calentar el aceite restante en una sartén aparte y sofreír los anacardos a fuego lento durante unos minutos hasta que estén dorados. Añádelas a la cacerola con el caldo, lleva a ebullición, tapa y cocina a fuego lento durante 5 minutos.

Pollo Castaño

Para 4 personas

225 g/8 oz de pollo, en rodajas
5 ml/1 cucharadita de sal
15 ml/1 cucharada de salsa de soja
aceite para freír
250 ml/8 oz/1 taza de caldo de pollo
200 g/7 oz de castañas de agua picadas
225 g/8 oz de castañas picadas
225 g/8 oz de champiñones, cortados en cuartos
15 ml/1 cucharada de perejil fresco picado

Espolvorea el pollo con sal y salsa de soja y frótalo bien. Calentar el aceite y freír el pollo hasta que esté dorado, luego retirar y escurrir. Coloca el pollo en una cacerola con el caldo, lleva a ebullición y cocina a fuego lento durante 5 minutos. Añade las castañas de agua, las castañas y las setas, tapa y cocina a fuego lento unos 20 minutos hasta que todo esté tierno. Servir adornado con perejil.

Pollo al pimiento picante

Para 4 personas

350 g/1 lb de carne de pollo, en cubitos
1 huevo, ligeramente batido
10 ml/2 cucharaditas de salsa de soja
2,5 ml/½ cucharadita de maicena (maicena)
aceite para freír
1 pimiento verde, cortado en cubitos
4 dientes de ajo machacados
2 pimientos rojos rallados
5 ml/1 cucharadita de pimienta recién molida
5 ml/1 cucharadita de vinagre de vino
5 ml/1 cucharadita de agua
2,5 ml/½ cucharadita de azúcar
2,5 ml/½ cucharadita de aceite de chile
2,5 ml/½ cucharadita de aceite de sésamo

Mezclar el pollo con el huevo, la mitad de la salsa de soja y la maicena y dejar reposar 30 minutos. Calentar el aceite y freír el pollo hasta que esté dorado, luego escurrir bien. Vierta todo menos 15 ml/1 cucharada de aceite de la sartén, agregue la pimienta, el ajo y las guindillas y fría durante 30 segundos. Agrega la pimienta, el vinagre de vino, el agua y el azúcar y sofríe durante 30 segundos. Regrese el pollo a la sartén y fríalo durante unos minutos hasta que esté bien cocido. Sirva espolvoreado con chile y aceites de sésamo.

Pollo con chile salteado

Para 4 personas

225 g/8 oz de pollo, en rodajas
2,5 ml/½ cucharadita de salsa de soja
2,5 ml/½ cucharadita de aceite de sésamo
2,5 ml/½ cucharadita de vino de arroz o jerez seco
5 ml/1 cucharadita de maicena (maicena)
sal
45 ml/3 cucharadas de aceite de maní
100 g/4 onzas de espinacas
4 cebolletas (cebolletas verdes), picadas
2,5 ml/½ cucharadita de chile en polvo

15 ml/1 cucharada de agua

1 tomate, rebanado

Mezclar el pollo con la salsa de soja, el aceite de sésamo, el vino o jerez, la mitad de la maicena y una pizca de sal. Dejar reposar durante 30 minutos. Calentar 15 ml/1 cucharada de aceite y sofreír el pollo hasta que esté ligeramente dorado. Retirar del wok. Calentar 15 ml/1 cucharada de aceite y sofreír las espinacas hasta que se ablanden y luego retirar del wok. Calentar el resto del aceite y sofreír las cebolletas, el chile en polvo, el agua y el resto de la maicena durante 2 minutos. Agrega el pollo y sofríe rápidamente. Coloque las espinacas en una fuente caliente, cubra con el pollo y sirva adornado con tomates.

Pollo Chop Suey

Para 4 personas

100 g/4 oz de hojas chinas, ralladas
100 g/4 oz de brotes de bambú, cortados en tiras
60 ml/4 cucharadas de aceite de maní
3 cebolletas (cebolletas verdes), cortadas en rodajas
2 dientes de ajo machacados
1 rodaja de raíz de jengibre, picada
225 g/8 oz de pechuga de pollo, cortada en tiras
45 ml/3 cucharadas de salsa de soja
15 ml/1 cucharada de vino de arroz o jerez seco
5 ml/1 cucharadita de sal
2,5 ml/½ cucharadita de azúcar
pimienta recién molida
15 ml/1 cucharada de maicena (maicena)

Blanquear las hojas chinas y los brotes de bambú en agua hirviendo durante 2 minutos. Escurrir y secar. Calentar 45ml/3 cucharadas de aceite y sofreír la cebolla, el ajo y el jengibre hasta que se doren ligeramente. Agrega el pollo y dora durante 4 minutos. Retirar de la sartén. Calienta el aceite restante y saltea las verduras durante 3 minutos. Agrega el pollo, la salsa de soja, el vino o jerez, la sal, el azúcar y una pizca de pimienta y sofríe durante 1 minuto. Mezclar la maicena con un poco de agua, agregarla a la salsa y cocinar a fuego lento, revolviendo, hasta que la salsa se aclare y espese.

chow mein de pollo

Para 4 personas

30 ml/2 cucharadas de aceite de maní
2 dientes de ajo machacados
450 g/1 libra de pollo, en rodajas
225 g/8 oz de brotes de bambú, en rodajas
100 g/4 oz de apio, en rodajas
225 g/8 oz de champiñones, rebanados
450 ml/¾ taza/2 tazas de caldo de pollo
225 g/8 oz de brotes de soja
4 cebollas, cortadas en cuartos
30 ml/2 cucharadas de salsa de soja
30 ml/2 cucharadas de maicena (maicena)
225 g/8 oz de fideos chinos secos

Calienta el aceite con el ajo hasta que se dore ligeramente, luego agrega el pollo y saltea durante 2 minutos hasta que se dore ligeramente. Agrega los brotes de bambú, el apio y los champiñones y saltea durante 3 minutos. Agregue la mayor parte del caldo, lleve a ebullición, cubra y cocine a fuego lento durante 8 minutos. Agregue los brotes de soja y la cebolla y cocine a fuego lento durante 2 minutos, revolviendo, hasta que solo quede un poco de caldo. Mezclar el caldo restante con la salsa de soja y la maicena. Revuelva nuevamente en la sartén y cocine a fuego lento, revolviendo, hasta que la salsa se aclare y espese.

Mientras tanto, cocine los fideos en agua hirviendo con sal durante unos minutos, según las instrucciones del paquete. Escurrir bien, luego mezclar con la mezcla de pollo y servir inmediatamente.

Pollo Picante Frito Crujiente

Para 4 personas

450 g/1 lb de carne de pollo, cortada en trozos
30 ml/2 cucharadas de salsa de soja
30 ml/2 cucharadas de salsa de ciruela
45 ml/3 cucharadas de chutney de mango
1 diente de ajo, machacado
2,5 ml/½ cucharadita de jengibre molido
unas gotas de brandy
30 ml/2 cucharadas de maicena (maicena)
2 huevos batidos
100 g/4 oz/1 taza de pan rallado seco
30 ml/2 cucharadas de aceite de maní
6 cebolletas (cebolletas verdes), picadas
1 pimiento rojo, cortado en cubitos
1 pimiento verde, cortado en cubitos
30 ml/2 cucharadas de salsa de soja
30 ml/2 cucharadas de miel
30 ml/2 cucharadas de vinagre de vino

Coloca el pollo en un bol. Mezclar las salsas, el chutney, el ajo, el jengibre y el coñac, verter sobre el pollo, tapar y dejar marinar

2 horas. Escurrir el pollo y espolvorear con maicena. Cubrir con huevos y luego con pan rallado. Calentar el aceite y luego freír el pollo hasta que esté dorado. Retirar de la sartén. Agrega las verduras y saltea durante 4 minutos y luego retira. Escurre el aceite de la sartén y luego regresa el pollo y las verduras a la sartén con el resto de los ingredientes. Llevar a ebullición y recalentar antes de servir.

Pollo Frito Con Pepino

Para 4 personas

225 g/8 oz de carne de pollo

1 clara de huevo

2,5 ml/½ cucharadita de maicena (maicena)

sal

½ pepino

30 ml/2 cucharadas de aceite de maní

100 g/4 oz de champiñones

50 g/2 oz de brotes de bambú, cortados en tiras

50 g/2 oz de jamón cortado en cubitos

15 ml/1 cucharada de agua

2,5 ml/½ cucharadita de sal

2,5 ml/½ cucharadita de vino de arroz o jerez seco

2,5 ml/½ cucharadita de aceite de sésamo

Corta el pollo en rodajas y córtalo en trozos. Mezclar con la clara de huevo, la maicena y la sal y dejar reposar. Corta el pepino por la mitad a lo largo y córtalo en diagonal en rodajas gruesas. Calienta el aceite y saltea el pollo hasta que esté ligeramente dorado, luego retíralo de la sartén. Agrega el pepino y los brotes de bambú y sofríe durante 1 minuto. Regrese el pollo a la sartén con el jamón, el agua, la sal y el vino o jerez. Llevar a ebullición y cocinar a fuego lento hasta que el pollo esté tierno. Sirva rociado con aceite de sésamo.

Pollo Al Curry Con Chile

Para 4 personas

120 ml / 4 fl oz / ½ taza de aceite de maní (maní)
4 piezas de pollo
1 cebolla, picada
5 ml/1 cucharadita de curry en polvo
5 ml/1 cucharadita de salsa picante
15 ml/1 cucharada de vino de arroz o jerez seco
2,5 ml/½ cucharadita de sal
600 ml/1 pt/2½ tazas de caldo de pollo
15 ml/1 cucharada de maicena (maicena)
45 ml/3 cucharadas de agua
5 ml/1 cucharadita de aceite de sésamo

Calentar el aceite y freír los trozos de pollo hasta que estén dorados por ambos lados, luego retirar de la sartén. Agregue la cebolla, el curry en polvo y la salsa picante y saltee durante 1 minuto. Agrega el vino o jerez y la sal, mezcla bien, luego regresa el pollo a la sartén y revuelve nuevamente. Agregue el caldo, lleve a ebullición y cocine a fuego lento durante unos 30 minutos hasta que el pollo esté tierno. Si la salsa no se ha reducido lo suficiente, mezcle la maicena y el agua hasta formar una pasta, agregue un poco a la salsa y cocine a fuego lento, revolviendo, hasta que la salsa espese. Sirva rociado con aceite de sésamo.

pollo al curry chino

Para 4 personas

45 ml/3 cucharadas de curry en polvo
1 cebolla, rebanada
350 g/12 oz de pollo cortado en cubitos
150 ml/¼ pt/generoso ½ taza de caldo de pollo
5 ml/1 cucharadita de sal
10 ml/2 cucharaditas de maicena (maicena)
15 ml/1 cucharada de agua

Calienta el curry en polvo y la cebolla en una sartén seca durante 2 minutos, agitando la sartén para cubrir la cebolla. Agrega el pollo y revuelve hasta que esté bien cubierto con el curry en polvo. Añade el caldo y la sal, lleva a ebullición, tapa y cocina a fuego lento durante unos 5 minutos hasta que el pollo esté tierno. Mezcle la maicena y el agua hasta formar una pasta, agregue a la sartén y cocine a fuego lento, revolviendo, hasta que la salsa espese.

Pollo al curry rápido

Para 4 personas

450 g/1 libra de pechugas de pollo, cortadas en cubos

45 ml/3 cucharadas de vino de arroz o jerez seco

50 g/2 oz de harina de maíz (almidón de maíz)

1 clara de huevo

sal

150 ml / ¼ pt / generosa ½ taza de aceite de maní (maní)

15 ml/1 cucharada de curry en polvo

10 ml/2 cucharaditas de azúcar moreno

150 ml/¼ pt/generoso ½ taza de caldo de pollo

Mezclar los cubos de pollo y el jerez. Reserva 10 ml/2 cucharaditas de maicena. Batir la clara de huevo con el resto de la maicena y una pizca de sal y luego agregarla al pollo hasta que esté bien cubierta. Calentar el aceite y freír el pollo hasta que esté cocido y dorado. Retirar de la sartén y escurrir todo menos 15 ml/1 cucharada de aceite. Agregue la maicena reservada, el curry en polvo y el azúcar y saltee durante 1 minuto. Agregue el caldo, lleve a ebullición y cocine a fuego lento, revolviendo continuamente, hasta que la salsa espese. Regrese el pollo a la sartén, revuelva y vuelva a calentar antes de servir.

Pollo al curry con patatas

Para 4 personas

45 ml/3 cucharadas de aceite de maní

2,5 ml/½ cucharadita de sal

1 diente de ajo, machacado

750 g/1½ lb de pollo, cortado en cubos

225 g/8 oz de papas, cortadas en cubos

4 cebollas, cortadas en cuartos

15 ml/1 cucharada de curry en polvo

450 ml/¾ taza/2 tazas de caldo de pollo

225 g/8 oz de champiñones, rebanados

Calentar el aceite con la sal y el ajo, añadir el pollo y sofreír hasta que se dore ligeramente. Agrega las patatas, la cebolla y el curry en polvo y saltea durante 2 minutos. Agregue el caldo, lleve a ebullición, tape y cocine a fuego lento durante unos 20 minutos hasta que el pollo esté cocido, revolviendo ocasionalmente. Añade los champiñones, retira la tapa y cocina a fuego lento durante 10 minutos más hasta que el líquido se reduzca.

muslos de pollo frito

Para 4 personas
2 muslos de pollo grandes, deshuesados
2 cebolletas (cebolletas verdes)
1 rodaja de jengibre, batido hasta quedar plano
120 ml/4 fl oz/½ taza de salsa de soja
5 ml/1 cucharadita de vino de arroz o jerez seco
aceite para freír
5 ml/1 cucharadita de aceite de sésamo
pimienta recién molida

Unta la carne de pollo y márcala por todos lados. Batir 1 cebolleta y picar la otra. Mezclar la cebolleta aplanada con el jengibre, la salsa de soja y el vino o jerez. Vierte sobre el pollo y deja marinar durante 30 minutos. Retirar y escurrir. Colóquelo en un plato sobre una rejilla para vapor y cocine al vapor durante 20 minutos.

Calentar el aceite y freír el pollo durante unos 5 minutos hasta que esté dorado. Retirar de la sartén, escurrir bien y cortar en rodajas gruesas, luego colocar las rodajas en un plato para servir caliente. Calentar el aceite de sésamo, añadir las cebolletas picadas y el pimiento, verter sobre el pollo y servir.

Pollo frito con salsa curry

Para 4 personas

1 huevo, ligeramente batido

30 ml/2 cucharadas de maicena (maicena)

25 g/1 oz/¼ taza de harina común (para todo uso)

2,5 ml/½ cucharadita de sal

225 g/8 oz de pollo, cortado en cubos

aceite para freír

30 ml/2 cucharadas de aceite de maní

30 ml/2 cucharadas de curry en polvo

60 ml/4 cucharadas de vino de arroz o jerez seco

Batir el huevo con la maicena, la harina y la sal hasta obtener una pasta espesa. Vierta sobre el pollo y revuelva bien para cubrir. Calentar el aceite y freír el pollo hasta que esté dorado y bien cocido. Mientras tanto, calentar el aceite y sofreír el curry en polvo durante 1 minuto. Agregue el vino o el jerez y deje hervir. Coloca el pollo en un plato caliente y vierte la salsa de curry encima.

pollo borracho

Para 4 personas

450 g/1 lb de filete de pollo, cortado en trozos

60 ml/4 cucharadas de salsa de soja

30 ml/2 cucharadas de salsa hoisin

30 ml/2 cucharadas de salsa de ciruela

30 ml/2 cucharadas de vinagre de vino

2 dientes de ajo machacados

pizca de sal

unas gotas de aceite de chile

2 claras de huevo

60 ml/4 cucharadas de maicena (maicena)

aceite para freír

200 ml/½ pt/1¼ tazas de vino de arroz o jerez seco

Coloca el pollo en un bol. Mezclar las salsas y el vinagre de vino, el ajo, la sal y el aceite de chile, verter sobre el pollo y dejar marinar en el refrigerador por 4 horas. Batir las claras a punto de nieve y añadir la maicena. Retire el pollo de la marinada y cúbralo con la mezcla de clara de huevo. Calentar el aceite y freír el pollo hasta que esté bien cocido y dorado. Escurrir bien sobre papel absorbente y colocar en un bol. Verter el vino o jerez por encima, tapar y dejar macerar en el frigorífico durante 12 horas. Retirar el pollo del vino y servir frío.

Pollo salado con huevos

Para 4 personas

30 ml/2 cucharadas de aceite de maní

4 piezas de pollo

2 cebolletas (cebolletas verdes), picadas

1 diente de ajo, machacado

1 rodaja de raíz de jengibre, picada

175 ml/6 fl oz/¾ taza de salsa de soja

30 ml/2 cucharadas de vino de arroz o jerez seco

30 ml/2 cucharadas de azúcar moreno

5 ml/1 cucharadita de sal

375 ml/13 oz/1½ taza de agua

4 huevos duros (duros)

15 ml/1 cucharada de maicena (maicena)

Calentar el aceite y freír los trozos de pollo hasta que estén dorados. Agrega las cebolletas, el ajo y el jengibre y saltea durante 2 minutos. Agrega la salsa de soja, el vino o jerez, el azúcar y la sal y mezcla bien. Agrega el agua y lleva a ebullición, tapa y cocina a fuego lento durante 20 minutos. Agrega los huevos duros, tapa y cocina por otros 15 minutos. Mezclar la maicena con un poco de agua, agregarla a la salsa y cocinar a fuego lento, revolviendo, hasta que la salsa se aclare y espese.

Rollitos de huevo de gallina

Para 4 personas

4 champiñones chinos secos
100 g/4 oz de pollo cortado en tiras
5 ml/1 cucharadita de maicena (maicena)
15 ml/1 cucharada de salsa de soja
2,5 ml/½ cucharadita de sal
2,5 ml/½ cucharadita de azúcar
60 ml/4 cucharadas de aceite de maní
225 g/8 oz de brotes de soja
3 cebolletas (cebolletas verdes), picadas
100 g/4 onzas de espinacas
12 pieles de rollitos de primavera
1 huevo batido
aceite para freír

Remojar los champiñones en agua tibia durante 30 minutos y luego escurrirlos. Deseche los tallos y pique las tapas. Coloca el pollo en un bol. Mezclar la maicena con 5 ml/1 cucharadita de salsa de soja, sal y azúcar y añadir al pollo. Dejar reposar durante 15 minutos. Calienta la mitad del aceite y saltea el pollo hasta que esté ligeramente dorado. Blanquear los brotes de soja en agua hirviendo durante 3 minutos y luego escurrirlos. Calentar el resto del aceite y sofreír las cebolletas hasta que estén ligeramente doradas. Agrega los champiñones, los brotes de soja, las espinacas y el resto de la salsa de soja. Agrega el pollo y dora por 2 minutos. Dejar enfriar. Coloca un poco de relleno en el centro de cada piel y pinta los bordes con huevo batido. Doblar los lados y luego enrollar los rollitos de primavera, sellando los bordes con huevo. Calentar el aceite y freír los rollitos de primavera hasta que estén crujientes y dorados.

Pollo estofado con huevos

Para 4 personas

30 ml/2 cucharadas de aceite de maní
4 filetes de pechuga de pollo, cortados en tiras
1 pimiento rojo, cortado en tiras
1 pimiento verde, cortado en tiras
45 ml/3 cucharadas de salsa de soja
45 ml/3 cucharadas de vino de arroz o jerez seco
250 ml/8 oz/1 taza de caldo de pollo
100 g/4 oz de lechuga iceberg, rallada
5 ml/1 cucharadita de azúcar moreno
30 ml/2 cucharadas de salsa hoisin
sal y pimienta
15 ml/1 cucharada de maicena (maicena)
30 ml/2 cucharadas de agua
4 huevos
30 ml/2 cucharadas de jerez

Calentar el aceite y sofreír el pollo y los pimientos hasta que estén dorados. Añade la salsa de soja, el vino o jerez y el caldo, lleva a ebullición, tapa y cocina a fuego lento durante 30 minutos. Agrega la lechuga, el azúcar y la salsa hoisin y sazona con sal y pimienta. Mezclar la maicena y el agua, agregarla a la salsa y llevar a ebullición sin dejar de remover. Batir los huevos con el jerez y sofreírlos formando tortillas finas. Espolvorear con sal y pimienta y cortar en tiras. Colóquelo en un plato para servir caliente y vierta sobre el pollo.

Pollo del Lejano Oriente

Para 4 personas

60 ml/4 cucharadas de aceite de maní

450 g/1 lb de carne de pollo, cortada en trozos

2 dientes de ajo machacados

2,5 ml/½ cucharadita de sal

2 cebollas picadas

2 trozos de jengibre de tallo, picado

45 ml/3 cucharadas de salsa de soja

30 ml/2 cucharadas de salsa hoisin

45 ml/3 cucharadas de vino de arroz o jerez seco

300 ml/½ pt/1 ¼ taza de caldo de pollo

5 ml/1 cucharadita de pimienta recién molida

6 huevos duros (cocidos), picados

15 ml/1 cucharada de maicena (maicena)

15 ml/1 cucharada de agua

Calentar el aceite y freír el pollo hasta que esté dorado. Agrega el ajo, la sal, la cebolla y el jengibre y saltea durante 2 minutos. Agrega salsa de soja, salsa hoisin, vino o jerez, caldo y pimienta. Llevar a ebullición, tapar y cocinar a fuego lento durante 30 minutos. Agrega los huevos. Mezcle la maicena y el agua y mezcle con la salsa. Llevar a ebullición y cocinar a fuego lento, revolviendo, hasta que la salsa espese.

Pollo Foo Yung

Para 4 personas

6 huevos batidos
45 ml/3 cucharadas de maicena (maicena)
100 g/4 oz de champiñones, picados en trozos grandes
225 g/8 oz de pechuga de pollo cortada en cubitos
1 cebolla, finamente picada
5 ml/1 cucharadita de sal
45 ml/3 cucharadas de aceite de maní

Batir los huevos y luego agregar la maicena. Agregue todos los ingredientes restantes excepto el aceite. Calienta el aceite. Vierte poco a poco la mezcla en el molde para obtener pequeñas tortitas de aproximadamente 7,5 cm de diámetro. Cocine hasta que el fondo esté dorado, luego dé vuelta y cocine por el otro lado.

Foo Yung De Jamón Y Pollo

Para 4 personas

6 huevos batidos

45 ml/3 cucharadas de maicena (maicena)

100 g/4 oz de jamón cortado en cubitos

225 g/8 oz de pechuga de pollo cortada en cubitos

3 cebolletas (cebolletas verdes), finamente picadas

5 ml/1 cucharadita de sal

45 ml/3 cucharadas de aceite de maní

Batir los huevos y luego agregar la maicena. Agregue todos los ingredientes restantes excepto el aceite. Calienta el aceite. Vierte poco a poco la mezcla en el molde para obtener pequeñas tortitas de aproximadamente 7,5 cm de diámetro. Cocine hasta que el fondo esté dorado, luego dé vuelta y cocine por el otro lado.

Pollo Frito Con Jengibre

Para 4 personas

1 pollo, cortado por la mitad
4 rodajas de raíz de jengibre, trituradas
30 ml/2 cucharadas de vino de arroz o jerez seco
30 ml/2 cucharadas de salsa de soja
5 ml/1 cucharadita de azúcar
aceite para freír

Coloque el pollo en un recipiente poco profundo. Mezcle jengibre, vino o jerez, salsa de soja y azúcar, vierta sobre el pollo y frote la piel. Dejar marinar durante 1 hora. Calentar el aceite y freír el pollo, la mitad a la vez, hasta que esté ligeramente dorado. Retirar del aceite y dejar enfriar un poco mientras recalientas el aceite. Regrese el pollo a la sartén y fríalo hasta que esté dorado y bien cocido. Escurrir bien antes de servir.

Pollo Al Jengibre

Para 4 personas

225 g/8 oz de pollo, en rodajas finas
1 clara de huevo
pizca de sal
2,5 ml/½ cucharadita de maicena (maicena)
15 ml/1 cucharada de aceite de maní
10 rodajas de raíz de jengibre
6 champiñones, cortados por la mitad
1 zanahoria, en rodajas
2 cebolletas (cebolletas verdes), cortadas en rodajas
5 ml/1 cucharadita de vino de arroz o jerez seco
5 ml/1 cucharadita de agua
2,5 ml/½ cucharadita de aceite de sésamo

Mezclar el pollo con la clara de huevo, la sal y la maicena. Calentar la mitad del aceite y freír el pollo hasta que esté ligeramente dorado, luego retirar de la sartén. Calentar el resto del aceite y sofreír el jengibre, los champiñones, la zanahoria y las cebolletas durante 3 minutos. Regrese el pollo a la sartén con el vino o jerez y agua y cocine a fuego lento hasta que el pollo esté tierno. Sirva rociado con aceite de sésamo.

Pollo Al Jengibre Con Champiñones Y Castañas

Para 4 personas

60 ml/4 cucharadas de aceite de maní
225 g/8 oz de cebollas, en rodajas
450 g/1 libra de carne de pollo, cortada en cubitos
100 g/4 oz de champiñones, rebanados
30 ml/2 cucharadas de harina común (para todo uso)
60 ml/4 cucharadas de salsa de soja
10 ml/2 cucharaditas de azúcar
sal y pimienta recién molida
900 ml/1½ pt/3¾ tazas de agua caliente
2 rodajas de raíz de jengibre, picada
450 g de castañas de agua

Calentar la mitad del aceite y sofreír las cebollas durante 3 minutos y luego retirarlas de la sartén. Calienta el aceite restante y fríe el pollo hasta que esté ligeramente dorado.

Agrega los champiñones y cocina por 2 minutos. Espolvoree la mezcla de harina y luego agregue la salsa de soja, el azúcar, la sal y la pimienta. Vierta el agua y el jengibre, la cebolla y las castañas. Llevar a ebullición, tapar y cocinar a fuego lento durante 20 minutos. Retire la tapa y cocine a fuego lento hasta que la salsa se reduzca.

pollo dorado

Para 4 personas

8 trozos pequeños de pollo
300 ml/½ pt/1 ¼ taza de caldo de pollo
45 ml/3 cucharadas de salsa de soja
15 ml/1 cucharada de vino de arroz o jerez seco
5 ml/1 cucharadita de azúcar
1 raíz de jengibre en rodajas, picada

Coloque todos los ingredientes en una cacerola grande, hierva, cubra y cocine a fuego lento durante unos 30 minutos hasta que el pollo esté bien cocido. Retire la tapa y cocine a fuego lento hasta que la salsa se haya reducido.

Guiso De Pollo Dorado Marinado

Para 4 personas

4 piezas de pollo

300 ml/½ pt/1 ¼ taza de salsa de soja

aceite para freír

4 cebolletas (cebolletas verdes), en rodajas gruesas

1 rodaja de raíz de jengibre, picada

2 pimientos rojos, rebanados

3 vainas de anís estrellado

50 g/2 oz de brotes de bambú, en rodajas

150 ml/1 ½ pt/½ taza generosa de caldo de pollo

30 ml/2 cucharadas de maicena (maicena)

60 ml/4 cucharadas de agua

5 ml/1 cucharadita de aceite de sésamo

Corta el pollo en trozos grandes y déjalo marinar en salsa de soja durante 10 minutos. Retirar y escurrir reservando la salsa de soja. Calienta el aceite y fríe el pollo durante unos 2 minutos hasta que esté ligeramente dorado. Retirar y escurrir. Vierta todo menos 30 ml/2 cucharadas de aceite, luego agregue las cebolletas, el jengibre, los chiles y el anís estrellado y fría durante 1 minuto. Regrese el pollo a la sartén con los brotes de bambú y la salsa de soja reservada y agregue suficiente caldo para cubrir el pollo.

Llevar a ebullición y cocinar a fuego lento durante unos 10 minutos hasta que el pollo esté tierno. Retire el pollo de la salsa con una espumadera y colóquelo en una fuente para servir caliente. Cuela la salsa y luego regrésala a la cacerola. Mezcle la harina de maíz y el agua hasta formar una pasta, agregue la salsa y cocine a fuego lento, revolviendo, hasta que la salsa espese.

Monedas de oro

Para 4 personas

4 filetes de pechuga de pollo
30 ml/2 cucharadas de miel
30 ml/2 cucharadas de vinagre de vino
30 ml/2 cucharadas de ketchup (catsup)
30 ml/2 cucharadas de salsa de soja
pizca de sal
2 dientes de ajo machacados
5 ml/1 cucharadita de cinco especias en polvo
45 ml/3 cucharadas de harina común (para todo uso)
2 huevos batidos
5 ml/1 cucharadita de raíz de jengibre rallada
5 ml/1 cucharadita de ralladura de limón
100 g/4 oz/1 taza de pan rallado seco
aceite para freír

Coloca el pollo en un bol. Mezcle la miel, el vinagre de vino, el ketchup, la salsa de soja, la sal, el ajo y las cinco especias en polvo. Vierta sobre el pollo, mezcle bien, tape y deje marinar en el refrigerador por 12 horas.

Retire el pollo de la marinada y córtelo en tiras gruesas. Espolvorear con harina. Incorpora los huevos, el jengibre y la ralladura de limón. Cubra el pollo con la mezcla y luego con el pan rallado hasta que esté bien cubierto. Calentar el aceite y freír el pollo hasta que esté dorado.

Pollo al vapor con jamón

Para 4 personas

4 piezas de pollo
100 g/4 oz de jamón ahumado picado
3 cebolletas (cebolletas verdes), picadas
15 ml/1 cucharada de aceite de maní
sal y pimienta recién molida
15 ml/1 cucharada de perejil de hoja plana

Cortar las porciones de pollo en trozos de 5 cm y colocarlas en un recipiente apto para horno con el jamón y las cebolletas. Espolvorea con aceite y sazona con sal y pimienta, luego mezcla suavemente los ingredientes. Coloque el recipiente sobre una rejilla en una vaporera, cubra y cocine al vapor sobre agua hirviendo durante unos 40 minutos hasta que el pollo esté tierno. Servir adornado con perejil.

Pollo con salsa hoisin

Para 4 personas

4 porciones de pollo, cortado por la mitad

50 g/2 oz/½ taza de harina de maíz (almidón de maíz)

aceite para freír

10 ml/2 cucharaditas de raíz de jengibre rallada

2 cebollas picadas

225 g/8 oz de floretes de brócoli

1 pimiento rojo, picado

225 g/8 oz de champiñones

250 ml/8 oz/1 taza de caldo de pollo

45 ml/3 cucharadas de vino de arroz o jerez seco

45 ml/3 cucharadas de vinagre de manzana

45 ml/3 cucharadas de salsa hoisin

20 ml/4 cucharaditas de salsa de soja

Cubra los trozos de pollo con la mitad de la maicena. Calienta el aceite y fríe los trozos de pollo de a poco durante unos 8 minutos hasta que estén dorados y bien cocidos. Retirar de la sartén y escurrir sobre toallas de papel. Retire todo menos 30 ml/2 cucharadas de aceite de la sartén y saltee el jengibre durante 1 minuto. Agrega las cebollas y saltea durante 1 minuto. Agrega el brócoli, el pimiento y los champiñones y saltea durante 2 minutos. Mezclar el caldo con la maicena reservada y el resto de los ingredientes y agregar a la sartén. Llevar a ebullición, revolver y cocinar hasta que la salsa esté clara. Regrese el pollo al wok y cocine, revolviendo, durante unos 3 minutos hasta que esté completamente caliente.

Pollo A La Miel

Para 4 personas

30 ml/2 cucharadas de aceite de maní
4 piezas de pollo
30 ml/2 cucharadas de salsa de soja
120 ml/4 fl oz/½ taza de vino de arroz o jerez seco
30 ml/2 cucharadas de miel
5 ml/1 cucharadita de sal
1 cebolleta (cebolla verde), picada
1 rodaja de raíz de jengibre, finamente picada

Calentar el aceite y freír el pollo hasta que esté dorado por todos lados. Escurrir el exceso de aceite. Mezcla los ingredientes restantes y viértelos en la cacerola. Llevar a ebullición, tapar y cocinar a fuego lento durante unos 40 minutos hasta que el pollo esté bien cocido.

Pollo kung pao

Para 4 personas

450 g/1 lb de pollo, cortado en cubos
1 clara de huevo
5 ml/1 cucharadita de sal
30 ml/2 cucharadas de maicena (maicena)
60 ml/4 cucharadas de aceite de maní
25 g/1 oz de chiles rojos secos, recortados
5 ml/1 cucharadita de ajo picado
15 ml/1 cucharada de salsa de soja
15 ml/1 cucharada de vino de arroz o jerez seco 5 ml/1 cucharadita de azúcar
5 ml/1 cucharadita de vinagre de vino
5 ml/1 cucharadita de aceite de sésamo
30 ml/2 cucharadas de agua

Coloca el pollo en un bol con la clara de huevo, la sal y la mitad de la maicena y deja marinar 30 minutos. Calentar el aceite y freír el pollo hasta que esté ligeramente dorado, luego retirar de la sartén. Calienta el aceite y saltea los chiles y el ajo durante 2 minutos. Regrese el pollo a la sartén con la salsa de soja, el vino o jerez, el azúcar, el vinagre de vino y el aceite de sésamo y saltee durante 2 minutos. Mezclar el resto de la maicena con el agua, verterla en la cacerola y cocinar a fuego lento, revolviendo, hasta que la salsa se aclare y espese.

Pollo con puerros

Para 4 personas

30 ml/2 cucharadas de aceite de maní
5 ml/1 cucharadita de sal
225 g/8 oz de puerros, rebanados
1 rodaja de raíz de jengibre, picada
225 g/8 oz de pollo, en rodajas finas
15 ml/1 cucharada de vino de arroz o jerez seco
15 ml/1 cucharada de salsa de soja

Calentar la mitad del aceite y sofreír la sal y los puerros hasta que se doren ligeramente, luego retirar de la sartén. Calienta el aceite restante y fríe el jengibre y el pollo hasta que se doren ligeramente. Agrega el vino o jerez y la salsa de soja y sofríe 2 minutos más hasta que el pollo esté cocido. Regrese los puerros a la sartén y revuelva hasta que estén bien calientes. Servir inmediatamente.

Pollo al limón

Para 4 personas

4 pechugas de pollo deshuesadas
2 huevos
50 g/2 oz/½ taza de harina de maíz (almidón de maíz)
50 g/2 oz/½ taza de harina común (para todo uso)
150 ml/¼ pt/½ taza generosa de agua
aceite de maní (maní) para freír
250 ml/8 oz/1 taza de caldo de pollo
60 ml/5 cucharadas de jugo de limón
30 ml/2 cucharadas de vino de arroz o jerez seco
30 ml/2 cucharadas de maicena (maicena)
30 ml/2 cucharadas de puré de tomate (pasta)
1 cabeza de lechuga

Corta cada pechuga de pollo en 4 trozos. Batir los huevos, la maicena y la harina común, agregando suficiente agua para hacer una masa espesa. Coloque los trozos de pollo en la masa y revuelva hasta que estén bien cubiertos. Calentar el aceite y freír el pollo hasta que esté dorado y bien cocido.

Mientras tanto, combine el caldo, el jugo de limón, el vino o jerez, la maicena y el puré de tomate y caliente suavemente, revolviendo, hasta que la mezcla hierva. Cocine a fuego lento, revolviendo continuamente, hasta que la salsa espese y se vuelva clara. Coloque el pollo en un plato para servir caliente sobre una cama de hojas de lechuga y viértalo sobre la salsa o sirva por separado.

Salteado De Pollo Al Limón

Para 4 personas

450 g/1 lb de pollo deshuesado, en rodajas
30 ml/2 cucharadas de jugo de limón
15 ml/1 cucharada de salsa de soja
15 ml/1 cucharada de vino de arroz o jerez seco
30 ml/2 cucharadas de maicena (maicena)
30 ml/2 cucharadas de aceite de maní
2,5 ml/½ cucharadita de sal
2 dientes de ajo machacados
50 g/2 oz de castañas de agua, cortadas en tiras
50 g/2 oz de brotes de bambú, cortados en tiras
unas cuantas hojas de china cortadas en tiras
60 ml/4 cucharadas de caldo de pollo
15 ml/1 cucharada de puré de tomate (pasta)
15 ml/1 cucharada de azúcar
15 ml/1 cucharada de jugo de limón

Coloca el pollo en un bol. Mezclar jugo de limón, salsa de soja, vino o jerez y 15 ml/1 cucharadita. de maicena, verter sobre el pollo y dejar marinar 1 hora, volteando de vez en cuando.

Caliente el aceite, la sal y el ajo hasta que esté ligeramente dorado, luego agregue el pollo y la marinada y saltee durante unos 5 minutos hasta que el pollo esté ligeramente dorado. Agrega las castañas de agua, los brotes de bambú y las hojas chinas y sofríe por otros 3 minutos o hasta que el pollo esté recién cocido. Agregue los ingredientes restantes y saltee durante unos 3 minutos hasta que la salsa se aclare y espese.

Hígados de pollo con brotes de bambú

Para 4 personas

225 g/8 oz de hígados de pollo, en rodajas gruesas
45 ml/3 cucharadas de vino de arroz o jerez seco
45 ml/3 cucharadas de aceite de maní
15 ml/1 cucharada de salsa de soja
100 g/4 oz de brotes de bambú, en rodajas
100 g/4 oz de castañas de agua, en rodajas
60 ml/4 cucharadas de caldo de pollo
sal y pimienta recién molida

Mezclar los hígados de pollo con el vino o jerez y dejar reposar 30 minutos. Calentar el aceite y freír los hígados de pollo hasta que estén ligeramente dorados. Agrega la marinada, la salsa de soja, los brotes de bambú, las castañas de agua y el caldo. Llevar a ebullición y sazonar con sal y pimienta. Tape y cocine a fuego lento durante unos 10 minutos hasta que estén tiernos.

hígados de pollo frito

Para 4 personas

450 g/1 lb de hígados de pollo, cortados por la mitad
50 g/2 oz/½ taza de harina de maíz (almidón de maíz)
aceite para freír

Limpia los hígados de pollo y espolvoréalos con maicena, sacudiendo el exceso. Calentar el aceite y freír los hígados de pollo durante unos minutos hasta que estén dorados y bien cocidos. Escurrir sobre papel absorbente antes de servir.

Hígados de pollo con tirabeques

Para 4 personas

225 g/8 oz de hígados de pollo, en rodajas gruesas

10 ml/2 cucharaditas de maicena (maicena)

10 ml/2 cucharaditas de vino de arroz o jerez seco

15 ml/1 cucharada de salsa de soja

45 ml/3 cucharadas de aceite de maní

2,5 ml/½ cucharadita de sal

2 rodajas de raíz de jengibre, picada

100 g/4 oz de guisantes tirabeques

10 ml/2 cucharaditas de maicena (maicena)

60 ml/4 cucharadas de agua

Coloque los hígados de pollo en un bol. Agregue la maicena, el vino o el jerez y la salsa de soja y mezcle bien para cubrir. Calentar la mitad del aceite y sofreír la sal y el jengibre hasta que se dore ligeramente. Agregue la sarna y saltee hasta que esté bien cubierta de aceite, luego retírela de la sartén. Calienta el aceite restante y fríe los hígados de pollo durante 5 minutos hasta que estén bien cocidos. Mezcle la maicena y el agua para hacer una pasta, revuélvala en la sartén y cocine a fuego lento, revolviendo, hasta que la salsa se aclare y espese. Regrese la sarna a la sartén y cocine a fuego lento hasta que esté completamente caliente.

Hígados de pollo con tortitas de fideos

Para 4 personas

30 ml/2 cucharadas de aceite de maní
1 cebolla, rebanada
450 g/1 lb de hígados de pollo, cortados por la mitad
2 tallos de apio, rebanados
120 ml/4 oz/½ taza de caldo de pollo
15 ml/1 cucharada de maicena (maicena)
15 ml/1 cucharada de salsa de soja
30 ml/2 cucharadas de agua
panqueque de fideos

Calentar el aceite y sofreír la cebolla hasta que esté tierna. Agregue los hígados de pollo y saltee hasta que se doren. Agrega el apio y saltea durante 1 minuto. Añade el caldo, lleva a ebullición, tapa y cocina a fuego lento durante 5 minutos. Mezcle la maicena, la salsa de soja y el agua hasta formar una pasta, revuélvala en la sartén y cocine a fuego lento, revolviendo, hasta que la salsa se aclare y espese. Vierte la mezcla sobre el panqueque de fideos y sirve.

Hígados de pollo con salsa de ostras

Para 4 personas

45 ml/3 cucharadas de aceite de maní

1 cebolla, picada

225 g/8 oz de hígados de pollo, cortados por la mitad

100 g/4 oz de champiñones, rebanados

30 ml/2 cucharadas de salsa de ostras

15 ml/1 cucharada de salsa de soja

15 ml/1 cucharada de vino de arroz o jerez seco

120 ml/4 oz/½ taza de caldo de pollo

5 ml/1 cucharadita de azúcar

15 ml/1 cucharada de maicena (maicena)

45 ml/3 cucharadas de agua

Calentar la mitad del aceite y sofreír la cebolla hasta que esté tierna. Agrega los hígados de pollo y fríelos hasta que se doren. Añade los champiñones y dóralos durante 2 minutos. Mezclar la salsa de ostras, la salsa de soja, el vino o jerez, el caldo y el azúcar, verterlo en la cacerola y llevar a ebullición sin dejar de remover. Mezcle la maicena y el agua hasta formar una pasta, agréguela a la sartén y cocine a fuego lento, revolviendo, hasta que la salsa esté clara y espesa y los hígados tiernos.

Hígados de Pollo con Piña

Para 4 personas

225 g/8 oz de hígados de pollo, cortados por la mitad
45 ml/3 cucharadas de aceite de maní
30 ml/2 cucharadas de salsa de soja
15 ml/1 cucharada de maicena (maicena)
15 ml/1 cucharada de azúcar
15 ml/1 cucharada de vinagre de vino
sal y pimienta recién molida
100 g/4 oz de trozos de piña
60 ml/4 cucharadas de caldo de pollo

Blanquear los hígados de pollo en agua hirviendo durante 30 segundos y luego escurrirlos. Calienta el aceite y saltea los hígados de pollo durante 30 segundos. Mezcle la salsa de soja, la maicena, el azúcar, el vinagre de vino, la sal y la pimienta, vierta en la cacerola y revuelva bien para cubrir los hígados de pollo. Agrega los trozos de piña y el caldo y saltea durante unos 3 minutos hasta que los hígados estén cocidos.

Hígados de pollo agridulces

Para 4 personas

30 ml/2 cucharadas de aceite de maní
450 g/1 lb de hígados de pollo, cortados en cuartos
2 pimientos verdes, cortados en trozos
4 rodajas de piña enlatada, cortadas en trozos
60 ml/4 cucharadas de caldo de pollo
30 ml/2 cucharadas de maicena (maicena)
10 ml/2 cucharaditas de salsa de soja
100 g/4 oz/½ taza de azúcar
120 ml/4 fl oz/½ taza de vinagre de vino
120 ml/4 oz/½ taza de agua

Calienta el aceite y fríe los hígados hasta que estén ligeramente dorados, luego transfiérelos a una fuente caliente para servir. Agrega los pimientos a la sartén y saltea durante 3 minutos. Añade la piña y el caldo, lleva a ebullición, tapa y cocina a fuego lento durante 15 minutos. Mezcle los ingredientes restantes hasta formar una pasta, agréguelos a la sartén y cocine a fuego lento, revolviendo, hasta que la salsa espese. Vierta sobre los hígados de pollo y sirva.

Pollo Lichi

Para 4 personas

3 pechugas de pollo
60 ml/4 cucharadas de maicena (maicena)
45 ml/3 cucharadas de aceite de maní
5 cebolletas (cebolletas verdes), cortadas en rodajas
1 pimiento rojo, cortado en trozos
120 ml/4 fl oz/½ taza de salsa de tomate
120 ml/4 oz/½ taza de caldo de pollo
5 ml/1 cucharadita de azúcar
275 g/10 oz de lichis pelados

Corta las pechugas de pollo por la mitad y retira y desecha los huesos y la piel. Corta cada pechuga en 6. Reserva 5 ml/1 cucharadita de maicena y añade el pollo al resto hasta que esté bien cubierto. Calienta el aceite y saltea el pollo durante unos 8 minutos hasta que esté dorado. Agrega las cebolletas y el pimiento y saltea durante 1 minuto. Mezclar la salsa de tomate, la mitad del caldo y el azúcar y verter en el wok con los lichis. Llevar a ebullición, tapar y cocinar a fuego lento durante unos 10 minutos hasta que el pollo esté bien cocido. Mezcle la maicena reservada y el caldo y luego revuélvalos en la cacerola. Cocine a fuego lento, revolviendo, hasta que la salsa se aclare y espese.

Pollo con salsa de lichi

Para 4 personas

225 g/8 onzas de pollo

1 cebolleta (chalote)

4 castañas de agua

30 ml/2 cucharadas de maicena (maicena)

45 ml/3 cucharadas de salsa de soja

30 ml/2 cucharadas de vino de arroz o jerez seco

2 claras de huevo

aceite para freír

400 g/14 oz de lichis en almíbar enlatados

5 cucharadas de caldo de pollo

Cortar (moler) el pollo con las cebolletas y las castañas de agua. Mezclar la mitad de la maicena, 30 ml/2 cucharadas de salsa de soja, el vino o jerez y las claras. Forma bolitas del tamaño de una nuez con la mezcla. Calentar el aceite y freír el pollo hasta que esté dorado. Escurrir sobre toallas de papel.

Mientras tanto, calentar suavemente el almíbar de lichi con el caldo y la salsa de soja reservada. Mezclar el resto de la maicena con un poco de agua, verterla en la sartén y cocinar a fuego lento, revolviendo, hasta que la salsa se aclare y espese. Agregue los lichis y cocine a fuego lento para que se calienten. Coloque el pollo en una fuente caliente, vierta sobre los lichis y la salsa y sirva inmediatamente.

Pollo con sarna

Para 4 personas

225 g/8 oz de pollo, en rodajas finas
5 ml/1 cucharadita de maicena (maicena)
5 ml/1 cucharadita de vino de arroz o jerez seco
5 ml/1 cucharadita de aceite de sésamo
1 clara de huevo, ligeramente batida
45 ml/3 cucharadas de aceite de maní
1 diente de ajo, machacado
1 rodaja de raíz de jengibre, picada
100 g/4 oz de guisantes tirabeques
120 ml/4 oz/½ taza de caldo de pollo
sal y pimienta recién molida

Mezclar el pollo con la maicena, el vino o jerez, el aceite de sésamo y la clara de huevo. Calentar la mitad del aceite y sofreír el ajo y el jengibre hasta que se doren ligeramente. Agrega el pollo y fríelo hasta que se dore, luego retíralo de la sartén. Calentar el resto del aceite y sofreír el sardina durante 2 minutos. Agrega el caldo, lleva a ebullición, tapa y cocina a fuego lento durante 2 minutos. Regrese el pollo a la sartén y sazone con sal y pimienta. Deje hervir a fuego lento hasta que esté completamente caliente.

pollo al mango

Para 4 personas

100 g/4 oz/1 taza de harina común (para todo uso)

250 ml/8 oz/1 taza de agua

2,5 ml/½ cucharadita de sal

pizca de polvo para hornear

3 pechugas de pollo

aceite para freír

1 rodaja de raíz de jengibre, picada

150 ml/¼ pt/generoso ½ taza de caldo de pollo

45 ml/3 cucharadas de vinagre de vino

45 ml/3 cucharadas de vino de arroz o jerez seco

20 ml/4 cucharaditas de salsa de soja

10 ml/2 cucharaditas de azúcar

10 ml/2 cucharaditas de maicena (maicena)

5 ml/1 cucharadita de aceite de sésamo
5 cebolletas (cebolletas verdes), cortadas en rodajas
400 g/11 oz de mangos enlatados, escurridos y cortados en tiras

Batir la harina, el agua, la sal y el polvo para hornear. Dejar reposar durante 15 minutos. Retire y deseche la piel y los huesos del pollo. Corta el pollo en tiras finas. Mézclalos con la mezcla de harina. Calentar el aceite y freír el pollo durante unos 5 minutos hasta que esté dorado. Retirar de la sartén y escurrir sobre toallas de papel. Retire todo el aceite del wok menos 15 ml/1 cucharada y sofría el jengibre hasta que esté ligeramente dorado. Mezclar el caldo con el vinagre de vino, vino o jerez, salsa de soja, azúcar, maicena y aceite de sésamo. Agregue a la sartén y deje hervir, revolviendo. Agregue las cebolletas y cocine a fuego lento durante 3 minutos. Agregue el pollo y los mangos y cocine a fuego lento, revolviendo, durante 2 minutos.

Melón relleno de pollo

Para 4 personas

350 g/12 oz de carne de pollo
6 castañas de agua
2 vieiras sin cáscara
4 rodajas de raíz de jengibre
5 ml/1 cucharadita de sal

15 ml/1 cucharada de salsa de soja
600 ml/1 pt/2½ tazas de caldo de pollo
8 melones cantalupos pequeños o 4 medianos

Picar finamente el pollo, las castañas, las vieiras y el jengibre y mezclar con sal, salsa de soja y caldo. Cortar la parte superior de los melones y quitarles las semillas. Apriete los bordes superiores. Rellena los melones con la mezcla de pollo y colócalos sobre una rejilla en una vaporera. Cocine al vapor sobre agua hirviendo durante 40 minutos hasta que el pollo esté cocido.

Salteado de pollo y champiñones

Para 4 personas

45 ml/3 cucharadas de aceite de maní
1 diente de ajo, machacado
1 cebolleta (cebolla verde), picada
1 rodaja de raíz de jengibre, picada
225 g/8 oz de pechuga de pollo, cortada en tiras
225 g/8 oz de champiñones
45 ml/3 cucharadas de salsa de soja
15 ml/1 cucharada de vino de arroz o jerez seco
5 ml/1 cucharadita de maicena (maicena)

Calentar el aceite y sofreír los ajos, las cebolletas y el jengibre hasta que estén ligeramente dorados. Agrega el pollo y dora por 5 minutos. Añade los champiñones y dóralos durante 3 minutos. Agrega la salsa de soja, el vino o jerez y la maicena y sofríe durante unos 5 minutos hasta que el pollo esté bien cocido.

Pollo con Champiñones y Maní

Para 4 personas

30 ml/2 cucharadas de aceite de maní

2 dientes de ajo machacados

1 rodaja de raíz de jengibre, picada

450 g/1 lb de pollo deshuesado, cortado en cubos

225 g/8 oz de champiñones

100 g/4 oz de brotes de bambú, cortados en tiras

1 pimiento verde, cortado en cubos

1 pimiento rojo, cortado en cubos

250 ml/8 oz/1 taza de caldo de pollo

30 ml/2 cucharadas de vino de arroz o jerez seco

15 ml/1 cucharada de salsa de soja

15 ml/1 cucharada de salsa tabasco
30 ml/2 cucharadas de maicena (maicena)
30 ml/2 cucharadas de agua

Calienta el aceite, el ajo y el jengibre hasta que el ajo esté ligeramente dorado. Agrega el pollo y saltea hasta que esté ligeramente dorado. Agrega los champiñones, los brotes de bambú y los pimientos y saltea durante 3 minutos. Agrega el caldo, el vino o jerez, la salsa de soja y la salsa tabasco y deja hervir mientras revuelves. Tape y cocine a fuego lento durante unos 10 minutos hasta que el pollo esté bien cocido. Mezcla la maicena y el agua y agrégalas a la salsa. Cocine a fuego lento, revolviendo, hasta que la salsa se aclare y espese, agregando un poco más de caldo o agua si la salsa está demasiado espesa.

Pollo salteado con champiñones

Para 4 personas

6 champiñones chinos secos
1 pechuga de pollo, en rodajas finas
1 rodaja de raíz de jengibre, picada
2 cebolletas (cebolletas verdes), cortadas en rodajas
15 ml/1 cucharada de maicena (maicena)
15 ml/1 cucharada de vino de arroz o jerez seco
30 ml/2 cucharadas de agua
2,5 ml/½ cucharadita de sal
45 ml/3 cucharadas de aceite de maní
225 g/8 oz de champiñones, rebanados
100 g/4 oz de brotes de soja
15 ml/1 cucharada de salsa de soja

5 ml/1 cucharadita de azúcar

120 ml/4 oz/½ taza de caldo de pollo

Remojar los champiñones en agua tibia durante 30 minutos y luego escurrirlos. Deseche los tallos y corte las tapas. Coloca el pollo en un bol. Mezclar el jengibre, las cebolletas, la maicena, el vino o jerez, el agua y la sal, añadir al pollo y dejar reposar 1 hora. Calienta la mitad del aceite y saltea el pollo hasta que esté ligeramente dorado, luego retíralo de la sartén. Calentar el aceite restante y sofreír los champiñones frescos y secos y los brotes de soja durante 3 minutos. Añade la salsa de soja, el azúcar y el caldo, lleva a ebullición, tapa y cocina a fuego lento durante 4 minutos hasta que las verduras estén tiernas. Regrese el pollo a la sartén, mezcle bien y vuelva a calentar suavemente antes de servir.

Pollo al vapor con champiñones

Para 4 personas

4 piezas de pollo

30 ml/2 cucharadas de maicena (maicena)

30 ml/2 cucharadas de salsa de soja

3 cebolletas (cebolletas verdes), picadas

2 rodajas de raíz de jengibre, picada

2,5 ml/½ cucharadita de sal

100 g/4 oz de champiñones, rebanados

Corta los trozos de pollo en trozos de 5 cm y colócalos en un recipiente apto para horno. Mezcle la harina de maíz y la salsa de soja hasta formar una pasta, agregue las cebolletas, el jengibre y la sal y mezcle bien con el pollo. Incorpora suavemente los champiñones. Coloque el recipiente sobre una rejilla en una vaporera, cubra y cocine al vapor sobre agua hirviendo durante unos 35 minutos hasta que el pollo esté tierno.

pollo con cebolla

Para 4 personas

60 ml/4 cucharadas de aceite de maní

2 cebollas picadas

450 g/1 libra de pollo, en rodajas

30 ml/2 cucharadas de vino de arroz o jerez seco

250 ml/8 oz/1 taza de caldo de pollo

45 ml/3 cucharadas de salsa de soja

30 ml/2 cucharadas de maicena (maicena)

45 ml/3 cucharadas de agua

Calentar el aceite y sofreír las cebollas hasta que estén ligeramente doradas. Agrega el pollo y sofríe hasta que esté ligeramente dorado. Añade el vino o jerez, el caldo y la salsa de soja, lleva a ebullición, tapa y cocina a fuego lento durante 25 minutos hasta que el pollo esté tierno. Mezcle la maicena y el agua para hacer una pasta, revuélvala en la sartén y cocine a fuego lento, revolviendo, hasta que la salsa se aclare y espese.

Pollo A La Naranja Y Limón

Para 4 personas

350 g/1 lb de carne de pollo, cortada en tiras
30 ml/2 cucharadas de aceite de maní
2 dientes de ajo machacados
2 rodajas de raíz de jengibre, picada
ralladura de ½ naranja
ralladura de ½ limón
45 ml/3 cucharadas de zumo de naranja
45 ml/3 cucharadas de jugo de limón
15 ml/1 cucharada de salsa de soja

3 cebolletas (cebolletas verdes), picadas
15 ml/1 cucharada de maicena (maicena)
45 ml/1 cucharada de agua

Blanquear el pollo en agua hirviendo durante 30 segundos y luego escurrir. Calienta el aceite y sofríe el ajo y el jengibre durante 30 segundos. Agrega la ralladura y el jugo de naranja y limón, la salsa de soja y las cebolletas y saltea durante 2 minutos. Agrega el pollo y cocina a fuego lento durante unos minutos hasta que el pollo esté tierno. Mezcle la harina de maíz y el agua para hacer una pasta, agregue a la sartén y cocine a fuego lento, revolviendo, hasta que la salsa espese.

Pollo con salsa de ostras

Para 4 personas

30 ml/2 cucharadas de aceite de maní
1 diente de ajo, machacado
1 rodaja de jengibre, finamente picada
450 g/1 libra de pollo, en rodajas
250 ml/8 oz/1 taza de caldo de pollo
30 ml/2 cucharadas de salsa de ostras
15 ml/1 cucharada de vino de arroz o jerez
5 ml/1 cucharadita de azúcar

Calentar el aceite con el ajo y el jengibre y sofreír hasta que se doren ligeramente. Agrega el pollo y saltea durante unos 3 minutos hasta que esté ligeramente dorado. Agregue el caldo, la salsa de ostras, el vino o jerez y el azúcar, lleve a ebullición mientras revuelve, luego cubra y cocine a fuego lento durante unos 15 minutos, revolviendo ocasionalmente, hasta que el pollo esté bien cocido. Retire la tapa y continúe cocinando, revolviendo, durante unos 4 minutos hasta que la salsa se reduzca y espese.

paquete de pollo

Para 4 personas

225 g/8 onzas de pollo
30 ml/2 cucharadas de vino de arroz o jerez seco
30 ml/2 cucharadas de salsa de soja
papel encerado o papel pergamino
30 ml/2 cucharadas de aceite de maní
aceite para freír

Corta el pollo en cubos de 5 cm/2 pulgadas. Mezclar el vino o jerez y la salsa de soja, verter sobre el pollo y mezclar bien. Tapar y dejar reposar durante 1 hora, revolviendo ocasionalmente. Corta el papel en cuadrados de 10 cm/4 pulgadas y úntalo con aceite. Escurre bien el pollo. Coloque una hoja de papel sobre la superficie de trabajo con una esquina apuntando hacia usted. Coloque un trozo de pollo en el cuadrado justo debajo del centro, doble la esquina inferior y vuelva a doblar para encerrar el pollo. Doble los lados y luego doble la esquina superior hacia abajo para asegurar el paquete. Calentar el aceite y freír los trozos de pollo durante unos 5 minutos hasta que estén cocidos. Sirva caliente en paquetes para que los invitados los abran.

Pollo Con Maní

Para 4 personas

225 g/8 oz de pollo, en rodajas finas
1 clara de huevo, ligeramente batida
10 ml/2 cucharaditas de maicena (maicena)
45 ml/3 cucharadas de aceite de maní
1 diente de ajo, machacado
1 rodaja de raíz de jengibre, picada

2 puerros, picados
30 ml/2 cucharadas de salsa de soja
15 ml/1 cucharada de vino de arroz o jerez seco
100 g/4 oz de maní tostado

Mezcle el pollo con la clara de huevo y la maicena hasta que esté bien cubierto. Calienta la mitad del aceite y saltea el pollo hasta que esté dorado, luego retíralo de la sartén. Calentar el aceite restante y sofreír el ajo y el jengibre hasta que se ablanden. Añade los puerros y sofríe hasta que estén ligeramente dorados. Agregue la salsa de soja y el vino o jerez y cocine a fuego lento durante 3 minutos. Regrese el pollo a la sartén con los maní y cocine a fuego lento hasta que esté completamente caliente.

Pollo Con Mantequilla De Maní

Para 4 personas
4 pechugas de pollo, cortadas en cubitos
sal y pimienta recién molida
5 ml/1 cucharadita de cinco especias en polvo
45 ml/3 cucharadas de aceite de maní
1 cebolla, picada
2 zanahorias, cortadas en cubitos

1 tallo de apio, cortado en cubitos
300 ml/½ pt/1 ¼ taza de caldo de pollo
10 ml/2 cucharaditas de puré de tomate (pasta)
100 g/4 oz de mantequilla de maní
15 ml/1 cucharada de salsa de soja
10 ml/2 cucharaditas de maicena (maicena)
pizca de azúcar moreno
15 ml/1 cucharada de cebollino picado

Sazone el pollo con sal, pimienta y cinco especias en polvo. Calienta el aceite y saltea el pollo hasta que esté tierno. Retirar de la sartén. Agrega las verduras y sofríe hasta que estén tiernas pero aún crujientes. Mezclar el caldo con el resto de los ingredientes excepto el cebollino, mezclar en el cazo y llevar a ebullición. Regrese el pollo a la sartén y vuelva a calentarlo, revolviendo. Servir espolvoreado con azúcar.

Pollo Con Guisantes

Para 4 personas

60 ml/4 cucharadas de aceite de maní
1 cebolla, picada
450 g/1 libra de pollo cortado en cubitos
sal y pimienta recién molida
100 g/4 onzas de guisantes

2 tallos de apio, picados

100 g/4 oz de champiñones picados

250 ml/8 oz/1 taza de caldo de pollo

15 ml/1 cucharada de maicena (maicena)

15 ml/1 cucharada de salsa de soja

60 ml/4 cucharadas de agua

Calentar el aceite y sofreír la cebolla hasta que esté ligeramente dorada. Agrega el pollo y sofríe hasta que se dore. Sazone con sal y pimienta y agregue los guisantes, el apio y los champiñones y mezcle bien. Añade el caldo, lleva a ebullición, tapa y cocina a fuego lento durante 15 minutos. Mezcle la harina de maíz, la salsa de soja y el agua hasta formar una pasta, revuélvala en la sartén y cocine a fuego lento, revolviendo, hasta que la salsa se aclare y espese.

Pollo Pekinés

Para 4 personas

4 piezas de pollo

sal y pimienta recién molida

5 ml/1 cucharadita de azúcar

1 cebolleta (cebolla verde), picada

1 rodaja de raíz de jengibre, picada
15 ml/1 cucharada de salsa de soja
15 ml/1 cucharada de vino de arroz o jerez seco
15 ml/1 cucharada de maicena (maicena)
aceite para freír

Coloque los trozos de pollo en un recipiente poco profundo y espolvoree con sal y pimienta. Mezclar el azúcar, las cebolletas, el jengibre, la salsa de soja y el vino o jerez, frotar el pollo, tapar y dejar marinar 3 horas. Escurrir el pollo y espolvorear con maicena. Calentar el aceite y freír el pollo hasta que esté dorado y bien cocido. Escurrir bien antes de servir.

Pollo a la pimienta

Para 4 personas

60 ml/4 cucharadas de salsa de soja
45 ml/3 cucharadas de vino de arroz o jerez seco
45 ml/3 cucharadas de maicena (maicena)
450 g/1 lb de pollo, picado (molido)
60 ml/4 cucharadas de aceite de maní
2,5 ml/½ cucharadita de sal

2 dientes de ajo machacados
2 pimientos rojos, en cubos
1 pimiento verde, cortado en cubos
5 ml/1 cucharadita de azúcar
300 ml/½ pt/1 ¼ taza de caldo de pollo

Mezcla la mitad de la salsa de soja, la mitad del vino o jerez y la mitad de la maicena. Vierte sobre el pollo, revuelve bien y deja marinar al menos 1 hora. Calentar la mitad del aceite con la sal y el ajo hasta que el ajo esté ligeramente dorado. Agrega el pollo y la marinada y saltea durante unos 4 minutos hasta que el pollo se ponga blanco, luego retíralo de la sartén. Agrega el aceite restante a la sartén y saltea los pimientos durante 2 minutos. Agrega el azúcar a la cacerola con el resto de la salsa de soja, el vino o jerez y la maicena y mezcla bien. Agregue el caldo, lleve a ebullición y cocine a fuego lento, revolviendo, hasta que la salsa espese. Regrese el pollo a la sartén,

Pollo salteado con pimientos

Para 4 personas

1 pechuga de pollo, en rodajas finas
2 rodajas de raíz de jengibre, picada
2 cebolletas (cebolletas verdes), cortadas en rodajas
15 ml/1 cucharada de maicena (maicena)
30 ml/2 cucharadas de vino de arroz o jerez seco
30 ml/2 cucharadas de agua
2,5 ml/½ cucharadita de sal
45 ml/3 cucharadas de aceite de maní

100 g/4 oz de castañas de agua, en rodajas
1 pimiento rojo, cortado en tiras
1 pimiento verde, cortado en tiras
1 pimiento amarillo, cortado en tiras
30 ml/2 cucharadas de salsa de soja
120 ml/4 oz/½ taza de caldo de pollo

Coloca el pollo en un bol. Mezclar el jengibre, las cebolletas, la maicena, el vino o jerez, el agua y la sal, añadir al pollo y dejar reposar 1 hora. Calienta la mitad del aceite y saltea el pollo hasta que esté ligeramente dorado, luego retíralo de la sartén. Calentar el aceite restante y sofreír las castañas de agua y los pimientos durante 2 minutos. Añade la salsa de soja y el caldo, lleva a ebullición, tapa y cocina a fuego lento durante 5 minutos hasta que las verduras estén tiernas. Regrese el pollo a la sartén, mezcle bien y vuelva a calentar suavemente antes de servir.

Pollo y Piña

Para 4 personas

30 ml/2 cucharadas de aceite de maní

5 ml/1 cucharadita de sal

2 dientes de ajo machacados

450 g/1 lb de pollo deshuesado, en rodajas finas

2 cebollas, rebanadas

100 g/4 oz de castañas de agua, en rodajas

100 g/4 oz de trozos de piña

30 ml/2 cucharadas de vino de arroz o jerez seco

450 ml/¾ taza/2 tazas de caldo de pollo

5 ml/1 cucharadita de azúcar

pimienta recién molida

30 ml/2 cucharadas de jugo de piña

30 ml/2 cucharadas de salsa de soja

30 ml/2 cucharadas de maicena (maicena)

Calentar el aceite, la sal y el ajo hasta que el ajo se dore ligeramente. Agrega el pollo y dora por 2 minutos. Agrega la cebolla, las castañas de agua y la piña y sofríe durante 2 minutos. Agrega el vino o jerez, el caldo y el azúcar y sazona con pimienta. Llevar a ebullición, tapar y cocinar a fuego lento durante 5 minutos. Mezcla el jugo de piña, la salsa de soja y la maicena. Vierta en la cacerola y cocine a fuego lento, revolviendo, hasta que la salsa espese y se vuelva clara.

Pollo con piña y lichi

Para 4 personas

30 ml/2 cucharadas de aceite de maní

225 g/8 oz de pollo, en rodajas finas

1 rodaja de raíz de jengibre, picada

15 ml/1 cucharada de salsa de soja

15 ml/1 cucharada de vino de arroz o jerez seco

200 g/7 oz de trozos de piña en almíbar en lata

200 g/7 oz de lichis en almíbar enlatados

15 ml/1 cucharada de maicena (maicena)

Calentar el aceite y freír el pollo hasta que esté ligeramente dorado. Agrega la salsa de soja y el vino o jerez y mezcla bien. Mida 250 ml/8 fl oz/1 taza de almíbar de mezcla de piña y lichi y reserve 30 ml/2 cdas. Agrega el resto a la sartén, lleva a ebullición y cocina a fuego lento durante unos minutos hasta que el pollo esté tierno. Agrega los trozos de piña y los lichis. Mezcle la maicena con el almíbar reservado, agregue a la sartén y cocine a fuego lento, revolviendo, hasta que la salsa se aclare y espese.

Pollo con Cerdo

Para 4 personas

1 pechuga de pollo, en rodajas finas
100 g/4 oz de carne de cerdo magra, en rodajas finas
60 ml/4 cucharadas de salsa de soja
15 ml/1 cucharada de maicena (maicena)
1 clara de huevo
45 ml/3 cucharadas de aceite de maní
3 rodajas de raíz de jengibre, picadas
50 g/2 oz de brotes de bambú, en rodajas
225 g/8 oz de champiñones, rebanados
225 g/8 oz de hojas chinas, ralladas
120 ml/4 oz/½ taza de caldo de pollo

30 ml/2 cucharadas de agua

Mezclar el pollo y el cerdo. Mezcle la salsa de soja, 5 ml/1 cucharadita de maicena y la clara de huevo y agregue el pollo y el cerdo. Dejar reposar durante 30 minutos. Calentar la mitad del aceite y freír el pollo y el cerdo hasta que estén ligeramente dorados, luego retirar de la sartén. Calentar el aceite restante y sofreír el jengibre, los brotes de bambú, los champiñones y las hojas chinas hasta que estén bien cubiertos de aceite. Agrega el caldo y deja hervir. Regrese la mezcla de pollo a la sartén, cubra y cocine a fuego lento durante unos 3 minutos hasta que las carnes estén tiernas. Mezcle el resto de la pasta de maicena con el agua, agrégala a la salsa y cocine a fuego lento, revolviendo, hasta que la salsa espese.

Pollo Estofado Con Patatas

Para 4 personas

4 piezas de pollo
45 ml/3 cucharadas de aceite de maní
1 cebolla, rebanada
1 diente de ajo, machacado
2 rodajas de raíz de jengibre, picada
450 ml/¾ pt/2 tazas de agua
45 ml/3 cucharadas de salsa de soja

15 ml/1 cucharada de azúcar moreno

2 patatas, en cubos

Corta el pollo en trozos de 5 cm/2 pulgadas. Calentar el aceite y sofreír la cebolla, el ajo y el jengibre hasta que se doren ligeramente. Agrega el pollo y sofríe hasta que esté ligeramente dorado. Agrega el agua y la salsa de soja y deja hervir. Agregue el azúcar, cubra y cocine a fuego lento durante unos 30 minutos. Agrega las patatas a la sartén, tapa y cocina a fuego lento durante otros 10 minutos hasta que el pollo esté tierno y las patatas cocidas.

Pollo A Las Cinco Especias Con Patatas

Para 4 personas

45 ml/3 cucharadas de aceite de maní

450 g/1 libra de pollo cortado en trozos

sal

45 ml/3 cucharadas de pasta de frijol amarillo

45 ml/3 cucharadas de salsa de soja

5 ml/1 cucharadita de azúcar

5 ml/1 cucharadita de cinco especias en polvo

1 papa, cortada en cubitos

450 ml/¾ taza/2 tazas de caldo de pollo

Calienta el aceite y saltea el pollo hasta que esté ligeramente dorado. Espolvorea con sal, luego agrega la pasta de frijoles, la salsa de soja, el azúcar y el polvo de cinco especias y sofríe durante 1 minuto. Agrega la papa y mezcla bien, luego agrega el caldo, lleva a ebullición, tapa y cocina a fuego lento durante unos 30 minutos hasta que esté tierna.

Pollo Cocido Rojo

Para 4 personas

450 g/1 libra de pollo, en rodajas
120 ml/4 fl oz/½ taza de salsa de soja
15 ml/1 cucharada de azúcar
2 rodajas de raíz de jengibre, finamente picadas
90 ml/6 cucharadas de caldo de pollo
30 ml/2 cucharadas de vino de arroz o jerez seco
4 cebolletas (cebolletas verdes), cortadas en rodajas

Coloca todos los ingredientes en una cacerola y lleva a ebullición. Tape y cocine a fuego lento durante unos 15 minutos hasta que el pollo esté bien cocido. Retire la tapa y cocine a fuego lento durante unos 5 minutos, revolviendo ocasionalmente, hasta que la salsa espese. Sirva espolvoreado con cebolletas.

Albóndigas de pollo

Para 4 personas

225 g/8 oz de carne de pollo, molida (picada)

3 castañas de agua, picadas

1 cebolleta (cebolla verde), picada

1 rodaja de raíz de jengibre, picada

2 claras de huevo

5 ml/2 cucharaditas de sal

5 ml/1 cucharadita de pimienta recién molida

120 ml / 4 fl oz / ½ taza de aceite de maní (maní)

5 ml/1 cucharadita de jamón picado

Mezclar el pollo, las castañas, la mitad de la cebolleta, el jengibre, las claras, la sal y la pimienta. Forme bolitas y presiónelas hasta quedar planas. Calentar el aceite y freír las croquetas hasta que estén doradas, volteándolas una vez. Sirva espolvoreado con las cebolletas restantes y el jamón.

Pollo Sabroso

Para 4 personas

30 ml/2 cucharadas de aceite de maní

4 piezas de pollo

3 cebolletas (cebolletas verdes), picadas

2 dientes de ajo machacados

1 rodaja de raíz de jengibre, picada

120 ml/4 fl oz/½ taza de salsa de soja

30 ml/2 cucharadas de vino de arroz o jerez seco

30 ml/2 cucharadas de azúcar moreno

5 ml/1 cucharadita de sal

375 ml/13 oz/1½ taza de agua

15 ml/1 cucharada de maicena (maicena)

Calentar el aceite y freír los trozos de pollo hasta que estén dorados. Agrega las cebolletas, el ajo y el jengibre y saltea durante 2 minutos. Agrega la salsa de soja, el vino o jerez, el azúcar y la sal y mezcla bien. Agrega el agua y lleva a ebullición, tapa y cocina a fuego lento durante 40 minutos. Mezclar la maicena con un poco de agua, agregarla a la salsa y cocinar a fuego lento, revolviendo, hasta que la salsa se aclare y espese.

Pollo con aceite de sésamo

Para 4 personas

90 ml/6 cucharadas de aceite de maní

60 ml/4 cucharadas de aceite de sésamo

5 rodajas de raíz de jengibre

4 piezas de pollo

600 ml/1 pt/2½ tazas de vino de arroz o jerez seco

5 ml/1 cucharadita de azúcar

sal y pimienta recién molida

Calentar los aceites y sofreír el jengibre y el pollo hasta que se doren ligeramente. Agrega el vino o jerez y sazona con azúcar, sal y pimienta. Llevar a ebullición y cocinar a fuego lento, sin tapar, hasta que el pollo esté tierno y la salsa se haya reducido. Servir en tazones.

Pollo al Jerez

Para 4 personas

30 ml/2 cucharadas de aceite de maní
4 piezas de pollo
120 ml/4 fl oz/½ taza de salsa de soja
500 ml/17 fl oz/2¼ tazas de vino de arroz o jerez seco
30 ml/2 cucharadas de azúcar
5 ml/1 cucharadita de sal
2 dientes de ajo machacados
1 rodaja de raíz de jengibre, picada

Calentar el aceite y freír el pollo hasta que esté dorado por todos lados. Escurre el exceso de aceite y agrega todos los ingredientes restantes. Llevar a ebullición, tapar y cocinar a fuego bastante alto durante 25 minutos. Reduzca el fuego y cocine a fuego lento durante 15 minutos más hasta que el pollo esté bien cocido y la salsa se haya reducido.

Pollo Con Salsa De Soja

Para 4 personas

350 g/12 oz de pollo cortado en cubitos
2 cebolletas (cebolletas verdes), picadas
3 rodajas de raíz de jengibre, picadas
15 ml/1 cucharada de maicena (maicena)
30 ml/2 cucharadas de vino de arroz o jerez seco
30 ml/2 cucharadas de agua
45 ml/3 cucharadas de aceite de maní
60 ml/4 cucharadas de salsa de soja espesa
5 ml/1 cucharadita de azúcar

Mezclar el pollo, las cebolletas, el jengibre, la maicena, el vino o jerez y el agua y dejar reposar durante 30 minutos, revolviendo de vez en cuando. Calienta el aceite y saltea el pollo durante unos 3 minutos hasta que esté ligeramente dorado. Agrega la salsa de soja y el azúcar y sofríe durante aproximadamente 1 minuto hasta que el pollo esté bien cocido y tierno.

Pollo Al Horno Picante

Para 4 personas

150 ml/¼ pt/generosa ½ taza de salsa de soja
2 dientes de ajo machacados
50 g/2 oz/¼ taza de azúcar moreno
1 cebolla, finamente picada
30 ml/2 cucharadas de puré de tomate (pasta)
1 rodaja de limón, picada
1 rodaja de raíz de jengibre, picada
45 ml/3 cucharadas de vino de arroz o jerez seco
4 trozos grandes de pollo

Mezclar todos los ingredientes excepto el pollo. Coloca el pollo en una fuente para horno, vierte la mezcla encima, tapa y deja marinar durante la noche, rociando de vez en cuando. Hornee el pollo en un horno precalentado a 180 °C/350 °F/termostato de gas 4 durante 40 minutos, volteándolo y rociándolo ocasionalmente. Retire la tapa, aumente la temperatura del horno a 200 °C/400 °F/marca de gas 6 y continúe cocinando durante 15 minutos más hasta que el pollo esté bien cocido.

Pollo Con Espinacas

Para 4 personas

100 g/4 oz de pollo, picado
15 ml/1 cucharada de grasa de jamón picado
175 ml/6 fl oz/¾ taza de caldo de pollo
3 claras de huevo, ligeramente batidas
sal
5 ml/1 cucharadita de agua
450 g/1 libra de espinacas, finamente picadas
5 ml/1 cucharadita de maicena (maicena)
45 ml/3 cucharadas de aceite de maní

Combine el pollo, la grasa del jamón, 150 ml/¼ taza/½ taza abundante de caldo de pollo, las claras de huevo, 5 ml/1 cucharadita de sal y el agua. Mezclar las espinacas con el caldo restante, una pizca de sal y la maicena mezclada con un poco de agua. Calienta la mitad del aceite, agrega la mezcla de espinacas a la sartén y revuelve constantemente a fuego lento hasta que esté completamente caliente. Transfiera a un plato para servir caliente y manténgalo caliente. Calentar el aceite restante y freír cucharadas de la mezcla de pollo hasta que esté cuajado y blanco. Acomoda sobre las espinacas y sirve inmediatamente.

rollo de pollo chino

Para 4 personas

15 ml/1 cucharada de aceite de maní

pizca de sal

1 diente de ajo, machacado

225 g/8 oz de pollo, cortado en tiras

100 g/4 oz de champiñones, rebanados

175 g/6 oz de repollo, rallado

100 g/4 oz de brotes de bambú, triturados

50 g/2 oz de castañas de agua ralladas

100 g/4 oz de brotes de soja

5 ml/1 cucharadita de azúcar

5 ml/1 cucharadita de vino de arroz o jerez seco

5 ml/1 cucharadita de salsa de soja

8 pieles de rollitos de primavera

aceite para freír

Calentar el aceite, la sal y el ajo y sofreír hasta que el ajo empiece a dorarse. Agrega el pollo y los champiñones y sofríe unos minutos hasta que el pollo se ponga blanco. Añade la col, los brotes de bambú, las castañas de agua y los brotes de soja y sofríe durante 3 minutos. Agrega el azúcar, el vino o el jerez y la salsa de soja, mezcla bien, tapa y saltea durante 2 minutos. Vierta en un colador y deje escurrir.

Coloque unas cucharadas de la mezcla de relleno en el centro de cada piel de rollito de primavera, doble hacia abajo, doble hacia los lados y luego enrolle, cubriendo el relleno. Sellar el borde con un poco de mezcla de harina y agua y dejar secar durante 30 minutos. Calentar el aceite y freír los rollitos de primavera durante unos 10 minutos hasta que estén crujientes y dorados. Escurrir bien antes de servir.

Salteado De Pollo Sencillo

Para 4 personas

1 pechuga de pollo, en rodajas finas
2 rodajas de raíz de jengibre, picada
2 cebolletas (cebolletas verdes), cortadas en rodajas
15 ml/1 cucharada de maicena (maicena)
15 ml/1 cucharada de vino de arroz o jerez seco
30 ml/2 cucharadas de agua
2,5 ml/½ cucharadita de sal
45 ml/3 cucharadas de aceite de maní
100 g/4 oz de brotes de bambú, en rodajas
100 g/4 oz de champiñones, rebanados
100 g/4 oz de brotes de soja
15 ml/1 cucharada de salsa de soja
5 ml/1 cucharadita de azúcar
120 ml/4 oz/½ taza de caldo de pollo

Coloca el pollo en un bol. Mezclar el jengibre, las cebolletas, la maicena, el vino o jerez, el agua y la sal, añadir al pollo y dejar reposar 1 hora. Calienta la mitad del aceite y saltea el pollo hasta que esté ligeramente dorado, luego retíralo de la sartén. Calentar el aceite restante y sofreír los brotes de bambú, los champiñones y los brotes de soja durante 4 minutos. Añade la salsa de soja, el azúcar y el caldo, lleva a ebullición, tapa y cocina a fuego lento durante 5 minutos hasta que las verduras estén tiernas. Regrese el pollo a la sartén, mezcle bien y vuelva a calentar suavemente antes de servir.

Pollo en salsa de tomate

Para 4 personas

30 ml/2 cucharadas de aceite de maní
5 ml/1 cucharadita de sal
2 dientes de ajo machacados
450 g/1 lb de pollo, cortado en cubos
300 ml/½ pt/1 ¼ taza de caldo de pollo
120 ml/4 fl oz/½ taza de salsa de tomate (catsup)
15 ml/1 cucharada de maicena (maicena)
4 cebolletas (cebolletas verdes), cortadas en rodajas

Calentar el aceite con la sal y el ajo hasta que el ajo esté ligeramente dorado. Agrega el pollo y saltea hasta que esté ligeramente dorado. Agregue la mayor parte del caldo, lleve a ebullición, cubra y cocine a fuego lento durante unos 15 minutos hasta que el pollo esté tierno. Mezcla el resto del caldo con el ketchup y la maicena y revuélvelo en la sartén. Cocine a fuego lento, revolviendo, hasta que la salsa espese y se vuelva clara. Si la salsa queda demasiado líquida, déjala cocer a fuego lento un rato hasta que se reduzca. Agregue las cebolletas y cocine a fuego lento durante 2 minutos antes de servir.

pollo con tomates

Para 4 personas

225 g/8 oz de pollo cortado en cubitos
15 ml/1 cucharada de maicena (maicena)
15 ml/1 cucharada de salsa de soja
15 ml/1 cucharada de vino de arroz o jerez seco
45 ml/3 cucharadas de aceite de maní
1 cebolla, picada
60 ml/4 cucharadas de caldo de pollo
5 ml/1 cucharadita de sal
5 ml/1 cucharadita de azúcar
2 tomates, pelados y cortados en cubitos

Mezclar el pollo con la maicena, la salsa de soja y el vino o jerez y dejar reposar 30 minutos. Calentar el aceite y freír el pollo hasta que esté ligeramente dorado. Agregue la cebolla y saltee hasta que se ablande. Agrega el caldo, la sal y el azúcar, lleva a ebullición y revuelve suavemente a fuego lento hasta que el pollo esté cocido. Agregue los tomates y revuelva hasta que estén bien calientes.

Pollo escalfado con tomates

Para 4 personas

4 piezas de pollo
4 tomates, pelados y cortados en cuartos
15 ml/1 cucharada de vino de arroz o jerez seco
15 ml/1 cucharada de aceite de maní
sal

Coloca el pollo en una cacerola y cúbrelo con agua fría. Llevar a ebullición, tapar y cocinar a fuego lento durante 20 minutos. Añade los tomates, el vino o jerez, el aceite y la sal, tapa y cocina a fuego lento durante 10 minutos más hasta que el pollo esté cocido. Coloque el pollo en un plato para servir caliente y córtelo en trozos para servir. Vuelva a calentar la salsa y vierta sobre el pollo para servir.

Pollo Y Tomates Con Salsa De Frijoles Negros

Para 4 personas

45 ml/3 cucharadas de aceite de maní

1 diente de ajo, machacado

45 ml/3 cucharadas de salsa de frijoles negros

225 g/8 oz de pollo cortado en cubitos

15 ml/1 cucharada de vino de arroz o jerez seco

5 ml/1 cucharadita de azúcar

15 ml/1 cucharada de salsa de soja

90 ml/6 cucharadas de caldo de pollo

3 tomates, pelados y cortados en cuartos

10 ml/2 cucharaditas de maicena (maicena)

45 ml/3 cucharadas de agua

Calentar el aceite y sofreír el ajo durante 30 segundos. Agrega la salsa de frijoles negros y fríe durante 30 segundos, luego agrega el pollo y revuelve hasta que esté bien cubierto de aceite. Añade el vino o jerez, el azúcar, la salsa de soja y el caldo, lleva a ebullición, tapa y cocina a fuego lento durante unos 5 minutos hasta que el pollo esté cocido. Mezcle la maicena y el agua para hacer una pasta, revuélvala en la sartén y cocine a fuego lento, revolviendo, hasta que la salsa se aclare y espese.

Pollo Cocido Rápidamente Con Verduras

Para 4 personas

1 clara de huevo
50 g/2 oz de harina de maíz (almidón de maíz)
225 g/8 oz de pechugas de pollo, cortadas en tiras
75 ml/5 cucharadas de aceite de maní
200 g/7 oz de brotes de bambú, cortados en tiras
50 g/2 oz de brotes de soja
1 pimiento verde, cortado en tiras
3 cebolletas (cebolletas verdes), cortadas en rodajas
1 rodaja de raíz de jengibre, picada
1 diente de ajo, picado
15 ml/1 cucharada de vino de arroz o jerez seco

Batir la clara de huevo y la maicena y luego mojar las tiras de pollo en la mezcla. Calienta el aceite a fuego medio y fríe el pollo unos minutos hasta que esté cocido. Retirar de la sartén y escurrir bien. Agrega los brotes de bambú, los brotes de soja, el pimiento morrón, la cebolla, el jengibre y el ajo a la sartén y sofríe durante 3 minutos. Agrega el vino o jerez y regresa el pollo a la sartén. Mezclar bien y recalentar antes de servir.

Pollo con nueces

Para 4 personas

45 ml/3 cucharadas de aceite de maní
2 cebolletas (cebolletas verdes), picadas
1 rodaja de raíz de jengibre, picada
450 g/1 lb de pechuga de pollo, en rodajas muy finas
50 g/2 oz de jamón rallado
30 ml/2 cucharadas de salsa de soja
30 ml/2 cucharadas de vino de arroz o jerez seco
5 ml/1 cucharadita de azúcar
5 ml/1 cucharadita de sal
100 g/4 oz/1 taza de nueces picadas

Calienta el aceite y sofríe la cebolla y el jengibre durante 1 minuto. Agrega el pollo y el jamón y saltea durante 5 minutos hasta que esté casi cocido. Agrega la salsa de soja, el vino o jerez, el azúcar y la sal y saltea durante 3 minutos. Agrega las nueces y saltea durante 1 minuto hasta que los ingredientes estén bien combinados.

Pollo Con Nueces

Para 4 personas

100 g/4 oz/1 taza de nueces sin cáscara, cortadas por la mitad
aceite para freír
45 ml/3 cucharadas de aceite de maní
2 rodajas de raíz de jengibre, picada
225 g/8 oz de pollo cortado en cubitos
100 g/4 oz de brotes de bambú, en rodajas
75 ml/5 cucharadas de caldo de pollo

Preparar las nueces, calentar el aceite y sofreír las nueces hasta que estén doradas y luego escurrirlas bien. Calentar el aceite de maní y sofreír el jengibre durante 30 segundos. Agrega el pollo y saltea hasta que esté ligeramente dorado. Agregue los ingredientes restantes, lleve a ebullición y cocine a fuego lento, revolviendo, hasta que el pollo esté cocido.

Pollo con castañas de agua

Para 4 personas

45 ml/3 cucharadas de aceite de maní

2 dientes de ajo machacados

2 cebolletas (cebolletas verdes), picadas

1 rodaja de raíz de jengibre, picada

225 g/8 oz de pechuga de pollo, cortada en tiras

100 g/4 oz de castañas de agua, cortadas en tiras

45 ml/3 cucharadas de salsa de soja

15 ml/1 cucharada de vino de arroz o jerez seco

5 ml/1 cucharadita de maicena (maicena)

Calentar el aceite y sofreír los ajos, las cebolletas y el jengibre hasta que estén ligeramente dorados. Agrega el pollo y dora por 5 minutos. Añade las castañas de agua y sofríe durante 3 minutos. Agrega la salsa de soja, el vino o jerez y la maicena y sofríe durante unos 5 minutos hasta que el pollo esté bien cocido.

Pollo salado con castañas de agua

Para 4 personas

30 ml/2 cucharadas de aceite de maní

4 piezas de pollo

3 cebolletas (cebolletas verdes), picadas

2 dientes de ajo machacados

1 rodaja de raíz de jengibre, picada

250 ml/8 oz/1 taza de salsa de soja

30 ml/2 cucharadas de vino de arroz o jerez seco

30 ml/2 cucharadas de azúcar moreno

5 ml/1 cucharadita de sal

375 ml/13 oz/1¼ taza de agua

225 g/8 oz de castañas de agua, en rodajas

15 ml/1 cucharada de maicena (maicena)

Calentar el aceite y freír los trozos de pollo hasta que estén dorados. Agrega las cebolletas, el ajo y el jengibre y saltea durante 2 minutos. Agrega la salsa de soja, el vino o jerez, el azúcar y la sal y mezcla bien. Agrega el agua y lleva a ebullición, tapa y cocina a fuego lento durante 20 minutos. Agrega las castañas de agua, tapa y cocina por 20 minutos más. Mezclar la maicena con un poco de agua, agregarla a la salsa y cocinar a fuego lento, revolviendo, hasta que la salsa se aclare y espese.

wonton de pollo

Para 4 personas

4 champiñones chinos secos
450 g/1 libra de pechuga de pollo desmenuzada
225 g/8 oz de vegetales mixtos, picados
1 cebolleta (cebolla verde), picada
15 ml/1 cucharada de salsa de soja
2,5 ml/½ cucharadita de sal
40 pieles de wonton
1 huevo batido

Remojar los champiñones en agua tibia durante 30 minutos y luego escurrirlos. Deseche los tallos y pique las tapas. Mezclar con pollo, verduras, salsa de soja y sal.

Para doblar los wontons, sostenga la piel en la palma de su mano izquierda y vierta un poco de relleno en el centro. Humedece los bordes con huevo y dobla la piel formando un triángulo, sellando los bordes. Humedece las esquinas con huevo y gíralas.

Trae una olla de agua a hervir. Agregue los wontons y cocine a fuego lento durante unos 10 minutos hasta que floten hacia la superficie.

Alitas de pollo crujientes

Para 4 personas

900 g/2 lb de alitas de pollo
60 ml/4 cucharadas de vino de arroz o jerez seco
60 ml/4 cucharadas de salsa de soja
50 g/2 oz/½ taza de harina de maíz (almidón de maíz)
aceite de maní (maní) para freír

Coloca las alitas de pollo en un bol. Mezclar el resto de los ingredientes y verter sobre las alitas de pollo, revolviendo bien para que queden cubiertas con la salsa. Tapar y dejar reposar durante 30 minutos. Calienta el aceite y fríe el pollo de a poco hasta que esté bien cocido y de color marrón oscuro. Escurrir bien sobre toallas de papel y mantener caliente mientras se fríe el pollo restante.

Alitas de pollo con cinco especias

Para 4 personas

30 ml/2 cucharadas de aceite de maní

2 dientes de ajo machacados

450 g/1 libra de alitas de pollo

250 ml/8 oz/1 taza de caldo de pollo

30 ml/2 cucharadas de salsa de soja

5 ml/1 cucharadita de azúcar

5 ml/1 cucharadita de cinco especias en polvo

Calienta el aceite y el ajo hasta que el ajo esté ligeramente dorado. Agrega el pollo y sofríe hasta que esté ligeramente dorado. Agrega el resto de los ingredientes, revolviendo bien y deja hervir. Tape y cocine a fuego lento durante unos 15 minutos hasta que el pollo esté bien cocido. Retire la tapa y cocine a fuego lento, revolviendo ocasionalmente, hasta que casi todo el líquido se haya evaporado. Servir caliente o frío.

Alitas de pollo marinadas

Para 4 personas

45 ml/3 cucharadas de salsa de soja
45 ml/3 cucharadas de vino de arroz o jerez seco
30 ml/2 cucharadas de azúcar moreno
5 ml/1 cucharadita de raíz de jengibre rallada
2 dientes de ajo machacados
6 cebolletas (cebolletas verdes), cortadas en rodajas
450 g/1 libra de alitas de pollo
30 ml/2 cucharadas de aceite de maní
225 g/8 oz de brotes de bambú, en rodajas
20 ml/4 cucharaditas de maicena (maicena)
175 ml/6 fl oz/¾ taza de caldo de pollo

Mezcle salsa de soja, vino o jerez, azúcar, jengibre, ajo y cebolletas. Agregue las alitas de pollo y revuelva para cubrir. Tapar y dejar reposar durante 1 hora, revolviendo ocasionalmente. Calentar el aceite y sofreír los brotes de bambú durante 2 minutos. Retíralos de la sartén. Escurrir el pollo y la cebolla, reservando la marinada. Calienta el aceite y saltea el pollo hasta que se dore por todos lados. Tape y cocine por otros 20 minutos hasta que el pollo esté tierno. Mezclar la maicena con el caldo y la marinada reservada. Vierta sobre el pollo y lleve a ebullición, revolviendo hasta que la salsa espese. Agregue los brotes de bambú y cocine a fuego lento, revolviendo, durante otros 2 minutos.

Alitas de pollo reales

Para 4 personas

12 alitas de pollo

250 ml / 8 fl oz / 1 taza de aceite de maní

15 ml/1 cucharada de azúcar en polvo

2 cebolletas (cebolletas verdes), cortadas en trozos

5 rodajas de raíz de jengibre

5 ml/1 cucharadita de sal

45 ml/3 cucharadas de salsa de soja

250 ml/8 fl oz/1 taza de vino de arroz o jerez seco

250 ml/8 oz/1 taza de caldo de pollo

10 rodajas de brotes de bambú

15 ml/1 cucharada de maicena (maicena)

15 ml/1 cucharada de agua

2,5 ml/½ cucharadita de aceite de sésamo

Blanquear las alitas de pollo en agua hirviendo durante 5 minutos y escurrir bien. Calentar el aceite, agregar el azúcar y remover hasta que se derrita y se dore. Agregue el pollo, las cebolletas, el jengibre, la sal, la salsa de soja, el vino y el caldo, lleve a ebullición y cocine a fuego lento durante 20 minutos. Agrega los brotes de bambú y cocina a fuego lento durante 2 minutos o hasta que el líquido se haya evaporado casi por completo. Mezcla la maicena con el agua, viértela en la cacerola y revuelve hasta que espese. Transfiera las alitas de pollo a un plato para servir caliente y sírvalas espolvoreadas con aceite de sésamo.

Alitas de pollo picantes

Para 4 personas

30 ml/2 cucharadas de aceite de maní

5 ml/1 cucharadita de sal

2 dientes de ajo machacados

900 g/2 lb de alitas de pollo

30 ml/2 cucharadas de vino de arroz o jerez seco

30 ml/2 cucharadas de salsa de soja

30 ml/2 cucharadas de puré de tomate (pasta)

15 ml/1 cucharada de salsa inglesa

Calentar el aceite, la sal y el ajo y sofreír hasta que el ajo adquiera un color dorado claro. Agrega las alitas de pollo y fríelas, revolviendo frecuentemente, durante unos 10 minutos hasta que estén doradas y casi cocidas. Agrega el resto de los ingredientes y sofríe durante unos 5 minutos hasta que el pollo esté crujiente y bien cocido.

Muslos De Pollo A La Barbacoa

Para 4 personas

16 muslos de pollo

30 ml/2 cucharadas de vino de arroz o jerez seco

30 ml/2 cucharadas de vinagre de vino

30 ml/2 cucharadas de aceite de oliva

sal y pimienta recién molida

120 ml/4 oz/½ taza de jugo de naranja

30 ml/2 cucharadas de salsa de soja

30 ml/2 cucharadas de miel

15 ml/1 cucharada de jugo de limón

2 rodajas de raíz de jengibre, picada

120 ml/4 fl oz/½ taza de salsa de chile

Mezcle todos los ingredientes excepto la salsa de chile, cubra y deje marinar en el refrigerador durante la noche. Retire el pollo de la marinada y cocínelo en la barbacoa o ase a la parrilla durante unos 25 minutos, volteándolo y rociándolo con salsa de chile mientras se cocina.

Muslos De Pollo Hoisin

Para 4 personas

8 muslos de pollo

600 ml/1 pt/2½ tazas de caldo de pollo

sal y pimienta recién molida

250 ml/8 oz/1 taza de salsa hoisin

30 ml/2 cucharadas de harina común (para todo uso)

2 huevos batidos

100 g/4 oz/1 taza de pan rallado

aceite para freír

Coloque las baquetas y el caldo en una cacerola, lleve a ebullición, tape y cocine a fuego lento durante 20 minutos hasta que estén cocidos. Retire el pollo de la sartén y séquelo con toallas de papel. Coloca el pollo en un bol y sazona con sal y pimienta. Vierta la salsa hoisin y déjela marinar durante 1 hora. Drenar. Mezcle el pollo con harina, luego cúbralo con huevos y pan rallado, y luego nuevamente con huevos y pan rallado. Calentar el aceite y freír el pollo durante unos 5 minutos hasta que esté dorado. Escurrir sobre papel absorbente y servir frío o caliente.

pollo estofado

Para 4 a 6 personas

75 ml/5 cucharadas de aceite de maní

1 pollo

3 cebolletas (cebolletas verdes), cortadas en rodajas

3 rodajas de raíz de jengibre

120 ml/4 fl oz/½ taza de salsa de soja

30 ml/2 cucharadas de vino de arroz o jerez seco

5 ml/1 cucharadita de azúcar

Calentar el aceite y freír el pollo hasta que esté dorado. Añade las cebolletas, el jengibre, la salsa de soja y el vino o jerez y deja que hierva. Tape y cocine a fuego lento durante 30 minutos, volteando ocasionalmente. Agrega el azúcar, tapa y cocina a fuego lento durante otros 30 minutos hasta que el pollo esté cocido.

Pollo frito crujiente

Para 4 personas

1 pollo

sal

30 ml/2 cucharadas de vino de arroz o jerez seco

3 cebolletas (cebolletas verdes), picadas

1 rodaja de raíz de jengibre

30 ml/2 cucharadas de salsa de soja

30 ml/2 cucharadas de azúcar

5 ml/1 cucharadita de clavo entero

5 ml/1 cucharadita de sal

5 ml/1 cucharadita de granos de pimienta

150 ml/¼ pt/generoso ½ taza de caldo de pollo

aceite para freír

1 lechuga, rallada

4 tomates, rebanados

½ pepino, rebanado

Frote el pollo con sal y déjelo reposar durante 3 horas. Enjuague y coloque en un bol. Agrega el vino o jerez, el jengibre, la salsa de soja, el azúcar, el clavo, la sal, los granos de pimienta y el caldo y riega bien. Coloque el recipiente en una vaporera, cubra y cocine al vapor durante aproximadamente 2 ¼ horas hasta que el pollo esté bien cocido. Drenar. Calentar el aceite hasta que humee, luego agregar el pollo y freír hasta que esté dorado. Dorar durante otros 5 minutos, luego retirar del aceite y escurrir. Cortar en trozos y colocar en un plato para servir caliente. Cubra con lechuga, tomates y pepino y sirva con una salsa para mojar con sal y pimienta.

pollo frito entero

Para 5 personas

1 pollo
10 ml/2 cucharaditas de sal
15 ml/1 cucharada de vino de arroz o jerez seco
2 cebolletas (cebolletas verdes), cortadas por la mitad
3 rodajas de raíz de jengibre, cortadas en tiras
aceite para freír

Seque el pollo y frote la piel con sal y vino o jerez. Coloque las cebolletas y el jengibre dentro de la cavidad. Cuelgue el pollo para que se seque en un lugar fresco durante aproximadamente 3 horas. Calienta el aceite y coloca el pollo en una cesta para freír. Sumerja suavemente en el aceite y rocíe continuamente por dentro y por fuera hasta que el pollo esté ligeramente dorado. Retirar del aceite y dejar enfriar un poco mientras recalientas el aceite. Freír nuevamente hasta que estén doradas. Escurrir bien y luego cortar en trozos.

Pollo a las cinco especias

Para 4 a 6 personas

1 pollo
120 ml/4 fl oz/½ taza de salsa de soja
2,5 cm/1 pieza de raíz de jengibre picada
1 diente de ajo, machacado
15 ml/1 cucharada de polvo de cinco especias
30 ml/2 cucharadas de vino de arroz o jerez seco
30 ml/2 cucharadas de miel
2,5 ml/½ cucharadita de aceite de sésamo
aceite para freír
30 ml/2 cucharadas de sal
5 ml/1 cucharadita de pimienta recién molida

Coloque el pollo en una cacerola grande y llénelo con agua hasta la mitad del muslo. Reserva 15 ml/1 cucharada de salsa de soja y añade el resto a la sartén con el jengibre, el ajo y la mitad del polvo de cinco especias. Llevar a ebullición, tapar y cocinar a fuego lento durante 5 minutos. Apague el fuego y deje que el pollo repose en el agua hasta que esté tibia. Drenar.

Corta el pollo por la mitad a lo largo y colócalo con el lado cortado hacia abajo en una fuente para asar. Mezcle el resto de la salsa de soja y el polvo de cinco especias con el vino o jerez, la miel y el aceite de sésamo. Frote la mezcla sobre el pollo y déjelo reposar durante 2 horas, untando ocasionalmente con la mezcla. Calienta el aceite y fríe las mitades de pollo durante unos 15 minutos hasta que estén doradas y bien cocidas. Escurrir sobre toallas de papel y cortar en trozos del tamaño de una porción.

Mientras tanto, mezcle la sal y la pimienta y caliente en una sartén seca durante unos 2 minutos. Sirva como salsa con el pollo.

Pollo con jengibre y cebolletas

Para 4 personas

1 pollo
2 rodajas de raíz de jengibre, cortadas en tiras
sal y pimienta recién molida
90 ml/4 cucharadas de aceite de maní
8 cebolletas (cebolletas verdes), finamente picadas
10 ml/2 cucharaditas de vinagre de vino blanco
5 ml/1 cucharadita de salsa de soja

Coloque el pollo en una cacerola grande, agregue la mitad del jengibre y vierta suficiente agua para casi cubrir el pollo. Condimentar con sal y pimienta. Llevar a ebullición, tapar y cocinar a fuego lento durante aproximadamente 1 hora y 15 minutos hasta que estén tiernos. Deja reposar el pollo en el caldo hasta que se enfríe. Escurre el pollo y refrigera hasta que esté frío. Cortar en porciones.

Rallar el jengibre restante y mezclar con el aceite, las cebolletas, el vinagre de vino y la salsa de soja, sal y pimienta. Refrigere por

1 hora. Coloque los trozos de pollo en un recipiente para servir y vierta sobre la vinagreta de jengibre. Servir con arroz al vapor.

pollo escalfado

Para 4 personas

1 pollo

1,2 l/2 pts/5 tazas de caldo de pollo o agua

30 ml/2 cucharadas de vino de arroz o jerez seco

4 cebolletas (cebolletas verdes), picadas

1 rodaja de raíz de jengibre

5 ml/1 cucharadita de sal

Coloca el pollo en una cacerola grande con todos los ingredientes restantes. El caldo o el agua deben llegar hasta la mitad del muslo. Llevar a ebullición, tapar y cocinar a fuego lento durante aproximadamente 1 hora hasta que el pollo esté bien cocido. Escurrir, reservando el caldo para sopas.

Pollo Cocido Rojo

Para 4 personas

1 pollo

250 ml/8 oz/1 taza de salsa de soja

Coloca el pollo en una cacerola, vierte la salsa de soja encima y completa con agua casi hasta cubrir el pollo. Llevar a ebullición, tapar y cocinar a fuego lento durante aproximadamente 1 hora hasta que el pollo esté cocido, volteándolo ocasionalmente.

Pollo especiado cocido al rojo

Para 4 personas

2 rodajas de raíz de jengibre

2 cebolletas (cebolletas verdes)

1 pollo

3 vainas de anís estrellado

½ rama de canela

15 ml/1 cucharada de pimienta de Sichuan en grano

75 ml/5 cucharadas de salsa de soja

75 ml/5 cucharadas de vino de arroz o jerez seco

75 ml/5 cucharadas de aceite de sésamo

15 ml/1 cucharada de azúcar

Coloque el jengibre y las cebolletas dentro de la cavidad del pollo y coloque el pollo en una sartén. Atar el anís estrellado, la canela y los granos de pimienta en un trozo de muselina y añadirlo a la sartén. Vierta sobre la salsa de soja, el vino o jerez y el aceite de sésamo. Llevar a ebullición, tapar y cocinar a fuego lento durante unos 45 minutos. Agrega el azúcar, tapa y cocina a fuego lento durante otros 10 minutos hasta que el pollo esté bien cocido.

Pollo Asado Con Sésamo

Para 4 personas

50 g/2 oz de semillas de sésamo

1 cebolla, finamente picada

2 dientes de ajo, picados

10 ml/2 cucharaditas de sal

1 pimiento rojo seco, triturado

pizca de clavo molido

2,5 ml/½ cucharadita de cardamomo molido

2,5 ml/½ cucharadita de jengibre molido

75 ml/5 cucharadas de aceite de maní

1 pollo

Mezcla todos los condimentos y el aceite y unta el pollo. Colóquelo en una fuente para asar y agregue 30 ml/2 cucharadas de agua a la fuente. Ase en un horno precalentado a 180 °C/350 °F/marca de gas 4 durante aproximadamente 2 horas, rociando y volteando el pollo de vez en cuando, hasta que esté dorado y bien cocido. Añade un poco más de agua, si es necesario, para evitar que se queme.

Pollo Con Salsa De Soja

Para 4 a 6 personas

300 ml/½ pt/1¼ taza de salsa de soja

300 ml/½ pt/1¼ tazas de vino de arroz o jerez seco

1 cebolla, picada

3 rodajas de raíz de jengibre, picadas

50 g/2 oz/¼ taza de azúcar

1 pollo

15 ml/1 cucharada de maicena (maicena)

60 ml/4 cucharadas de agua

1 pepino, pelado y rebanado

30 ml/2 cucharadas de perejil fresco picado

Combine la salsa de soja, el vino o jerez, la cebolla, el jengibre y el azúcar en una cacerola y deje hervir. Agregue el pollo, vuelva a hervir, cubra y cocine a fuego lento durante 1 hora, volteando el pollo ocasionalmente, hasta que esté cocido. Transfiera el pollo a un plato para servir caliente y córtelo. Vierta todo menos 250 ml/8 fl oz/1 taza del líquido de cocción y vuelva a hervir. Mezcle la maicena y el agua para hacer una pasta, revuélvala en la sartén y cocine a fuego lento, revolviendo, hasta que la salsa se aclare y espese. Unte un poco de salsa sobre el pollo y decore el pollo con pepino y perejil. Sirve el resto de la salsa por separado.

pollo al vapor

Para 4 personas

1 pollo

45 ml/3 cucharadas de vino de arroz o jerez seco

sal

2 rodajas de raíz de jengibre

2 cebolletas (cebolletas verdes)

250 ml/8 oz/1 taza de caldo de pollo

Coloca el pollo en un recipiente apto para horno y frótalo con vino o jerez y sal y coloca el jengibre y las cebolletas dentro de la cavidad. Coloque el tazón sobre una rejilla en una vaporera, cubra y cocine al vapor sobre agua hirviendo durante aproximadamente 1 hora hasta que esté bien cocido. Servir caliente o frío.

Pollo al vapor con anís

Para 4 personas

250 ml/8 oz/1 taza de salsa de soja

250 ml/8 oz/1 taza de agua

15 ml/1 cucharada de azúcar moreno

4 vainas de anís estrellado

1 pollo

Combine la salsa de soja, el agua, el azúcar y el anís en una cacerola y deje hervir a fuego lento. Coloca el pollo en un bol y rocía bien con la mezcla por dentro y por fuera. Vuelva a calentar la mezcla y repita. Coloca el pollo en un recipiente apto para horno. Coloque el tazón sobre una rejilla en una vaporera, cubra y cocine al vapor sobre agua hirviendo durante aproximadamente 1 hora hasta que esté bien cocido.

Pollo de sabor extraño

Para 4 personas

1 pollo

5 ml/1 cucharadita de raíz de jengibre picada

5 ml/1 cucharadita de ajo picado

45 ml/3 cucharadas de salsa de soja espesa

5 ml/1 cucharadita de azúcar

2,5 ml/½ cucharadita de vinagre de vino

10 ml/2 cucharaditas de salsa de sésamo

5 ml/1 cucharadita de pimienta recién molida

10 ml/2 cucharaditas de aceite de chile

½ lechuga, rallada

15 ml/1 cucharada de cilantro fresco picado

Coloca el pollo en una cacerola y llena hasta la mitad con los muslos de pollo con agua. Llevar a ebullición, tapar y cocinar a fuego lento durante aproximadamente 1 hora hasta que el pollo esté tierno. Retirar de la sartén, escurrir bien y remojar en agua helada hasta que la carne se enfríe por completo. Escurrir bien y cortar en trozos de 5 cm/2 pulgadas. Mezcle todos los ingredientes restantes y vierta sobre el pollo. Sirva adornado con lechuga y cilantro.

Trozos de pollo crujientes

Para 4 personas

100 g/4 oz de harina común (para todo uso)

pizca de sal

15 ml/1 cucharada de agua

1 huevo

350 g/12 oz de pollo cocido, cortado en cubos

aceite para freír

Mezclar la harina, la sal, el agua y el huevo hasta tener una masa bastante firme, añadiendo un poco de agua si es necesario. Sumerja los trozos de pollo en la masa hasta que estén bien cubiertos. Calienta el aceite hasta que esté muy caliente y fríe el pollo unos minutos hasta que esté crujiente y dorado.

Pollo con Judías Verdes

Para 4 personas

45 ml/3 cucharadas de aceite de maní

450 g/1 lb de pollo cocido, desmenuzado

5 ml/1 cucharadita de sal

2,5 ml/½ cucharadita de pimienta recién molida

225 g/8 oz de judías verdes, cortadas en trozos

1 tallo de apio, cortado en diagonal

225 g/8 oz de champiñones, rebanados

250 ml/8 oz/1 taza de caldo de pollo

30 ml/2 cucharadas de maicena (maicena)

60 ml/4 cucharadas de agua

10 ml/2 cucharaditas de salsa de soja

Calentar el aceite y dorar el pollo, sal y pimienta hasta que esté ligeramente dorado. Agrega los frijoles, el apio y los champiñones y mezcla bien. Añade el caldo, lleva a ebullición, tapa y cocina a fuego lento durante 15 minutos. Mezcle la maicena, el agua y la salsa de soja hasta formar una pasta, revuélvala en la sartén y cocine a fuego lento, revolviendo, hasta que la salsa se aclare y espese.

Pollo Cocido Con Piña

Para 4 personas

45 ml/3 cucharadas de aceite de maní
225 g/8 oz de pollo cocido, cortado en cubitos
sal y pimienta recién molida
2 tallos de apio, cortados en diagonal
3 rodajas de piña, cortadas en trozos
120 ml/4 oz/½ taza de caldo de pollo
15 ml/1 cucharada de salsa de soja
10 ml/2 cucharadas de maicena (maicena)
30 ml/2 cucharadas de agua

Calentar el aceite y freír el pollo hasta que esté ligeramente dorado. Sazona con sal y pimienta, agrega el apio y saltea por 2 minutos. Agrega la piña, el caldo y la salsa de soja y revuelve durante unos minutos hasta que esté bien caliente. Mezcle la maicena y el agua para hacer una pasta, agregue a la sartén y cocine a fuego lento, revolviendo, hasta que la salsa se aclare y espese.

Pollo Con Pimientos Y Tomates

Para 4 personas

45 ml/3 cucharadas de aceite de maní

450 g/1 lb de pollo cocido, en rodajas

10 ml/2 cucharaditas de sal

5 ml/1 cucharadita de pimienta recién molida

1 pimiento verde, cortado en trozos

4 tomates grandes, pelados y cortados en cuartos

250 ml/8 oz/1 taza de caldo de pollo

30 ml/2 cucharadas de maicena (maicena)

15 ml/1 cucharada de salsa de soja

120 ml/4 oz/½ taza de agua

Calentar el aceite y dorar el pollo, sal y pimienta hasta que esté dorado. Agrega los pimientos y los tomates. Vierta el caldo, lleve a ebullición, tape y cocine a fuego lento durante 15 minutos. Mezcle la harina de maíz, la salsa de soja y el agua hasta formar una pasta, revuélvala en la sartén y cocine a fuego lento, revolviendo, hasta que la salsa se aclare y espese.

Pollo al sésamo

Para 4 personas

450 g/1 lb de pollo cocido, cortado en tiras

2 rodajas de jengibre, finamente picadas

1 cebolleta (cebolla verde), finamente picada

sal y pimienta recién molida

60 ml/4 cucharadas de vino de arroz o jerez seco

60 ml/4 cucharadas de aceite de sésamo

10 ml/2 cucharaditas de azúcar

5 ml/1 cucharadita de vinagre de vino

150 ml/¼ pt/generosa ½ taza de salsa de soja

Coloque el pollo en un plato para servir y espolvoree con jengibre, cebolleta, sal y pimienta. Mezclar el vino o jerez, el aceite de sésamo, el azúcar, el vinagre de vino y la salsa de soja. Vierta sobre el pollo.

pollitos fritos

Para 4 personas

2 pollitos, cortados por la mitad
45 ml/3 cucharadas de salsa de soja
45 ml/3 cucharadas de vino de arroz o jerez seco
120 ml / 4 fl oz / ½ taza de aceite de maní (maní)
1 cebolleta (cebolla verde), finamente picada
30 ml/2 cucharadas de caldo de pollo
10 ml/2 cucharaditas de azúcar
5 ml/1 cucharadita de aceite de chile
5 ml/1 cucharadita de pasta de ajo
sal y pimienta

Coloca los pollitos en un bol. Mezcle la salsa de soja y el vino o jerez, vierta sobre los pollitos, cubra y deje marinar durante 2 horas, rociando con frecuencia. Calentar el aceite y freír los pollitos durante unos 20 minutos hasta que estén bien cocidos. Retíralas de la sartén y calienta el aceite. Regresarlas a la sartén y freír hasta que estén doradas. Drene la mayor parte del aceite. Mezclar los ingredientes restantes, agregar a la sartén y calentar rápidamente. Vierta sobre los poussins antes de servir.

Pavo con tirabeques

Para 4 personas

60 ml/4 cucharadas de aceite de maní

2 cebolletas (cebolletas verdes), picadas

2 dientes de ajo machacados

1 rodaja de raíz de jengibre, picada

225 g/8 oz de pechuga de pavo, cortada en tiras

225 g/8 oz de guisantes tirabeques

100 g/4 oz de brotes de bambú, cortados en tiras

50 g/2 oz de castañas de agua, cortadas en tiras

45 ml/3 cucharadas de salsa de soja

15 ml/1 cucharada de vino de arroz o jerez seco

5 ml/1 cucharadita de azúcar

5 ml/1 cucharadita de sal

15 ml/1 cucharada de maicena (maicena)

Calentar 45 ml/3 cucharadas de aceite y sofreír las cebolletas, el ajo y el jengibre hasta que estén ligeramente dorados. Agrega el pavo y saltea durante 5 minutos. Remueve de la sartén y pon a un lado. Calentar el aceite restante y sofreír los tirabeques, los brotes de bambú y las castañas de agua durante 3 minutos. Agregue salsa de soja, vino o jerez, azúcar y sal y regrese el pavo a la sartén. Saltee durante 1 minuto. Mezclar la maicena con un poco de agua, verterla en la sartén y cocinar a fuego lento, revolviendo, hasta que la salsa se aclare y espese.

Pavo con Pimientos

Para 4 personas

4 champiñones chinos secos
30 ml/2 cucharadas de aceite de maní
1 repollo chino, cortado en tiras
350 g/12 oz de pavo ahumado, cortado en tiras
1 cebolla, rebanada
1 pimiento rojo, cortado en tiras
1 pimiento verde, cortado en tiras
120 ml/4 oz/½ taza de caldo de pollo
30 ml/2 cucharadas de puré de tomate (pasta)
45 ml/3 cucharadas de vinagre de vino
30 ml/2 cucharadas de salsa de soja
15 ml/1 cucharada de salsa hoisin
10 ml/2 cucharaditas de maicena (maicena)
unas gotas de aceite de chile

Remojar los champiñones en agua tibia durante 30 minutos y luego escurrirlos. Deseche los tallos y corte las tapas en tiras. Calienta la mitad del aceite y saltea el repollo durante unos 5 minutos o hasta que esté cocido. Retirar de la sartén. Agrega el pavo y dora por 1 minuto. Agrega las verduras y saltea durante 3 minutos. Mezclar el caldo con el puré de tomate, el vinagre de vino y las salsas y añadir a la sartén con la col. Mezclar la maicena con un poco de agua, verterla en el cazo y llevar a ebullición sin dejar de remover. Rocíe con aceite de chile y cocine a fuego lento durante 2 minutos, revolviendo continuamente.

pavo asado chino

Para 8 a 10 personas

1 pavo pequeño
600 ml/1 pt/2½ tazas de agua caliente
10 ml/2 cucharadita de pimienta de Jamaica
500 ml/16 fl oz/2 tazas de salsa de soja
5 ml/1 cucharadita de aceite de sésamo
10 ml/2 cucharaditas de sal
45 ml/3 cucharadas de mantequilla

Coloca el pavo en una cacerola y vierte agua caliente por encima. Agrega el resto de los ingredientes excepto la mantequilla y deja reposar durante 1 hora, volteando varias veces. Retire el pavo del líquido y unte con mantequilla. Colóquelos en una fuente para asar, cubra ligeramente con papel de aluminio y ase en un horno precalentado a 160 °C/325 °F/termostato de gas 3 durante aproximadamente 4 horas, rociando ocasionalmente con el líquido de salsa de soja. Retire el papel de aluminio y deje que la piel esté crujiente durante los últimos 30 minutos de cocción.

Pavo con Nueces y Champiñones

Para 4 personas

450 g/1 libra de filete de pechuga de pavo

sal y pimienta

jugo de 1 naranja

15 ml/1 cucharada de harina común (para todo uso)

12 nueces negras marinadas con jugo

5 ml/1 cucharadita de maicena (maicena)

15 ml/1 cucharada de aceite de maní

2 cebolletas (cebolletas verdes), picadas

225 g/8 oz de champiñones

45 ml/3 cucharadas de vino de arroz o jerez seco

10 ml/2 cucharaditas de salsa de soja

50 g/2 oz/½ taza de mantequilla

25 g/1 oz de piñones

Cortar el pavo en rodajas de 1/½ cm de grosor. Espolvorea con sal, pimienta y jugo de naranja y espolvorea con harina. Escurrir y cortar las nueces por la mitad, reservar el líquido y mezclar el líquido con la maicena. Calienta el aceite y saltea el pavo hasta que esté dorado. Añade las cebolletas y los champiñones y saltea durante 2 minutos. Agregue el vino o el jerez y la salsa de soja y cocine a fuego lento durante 30 segundos. Agrega las nueces a la mezcla de maicena, luego mézclalas en la sartén y deja que hierva. Agrega la mantequilla en hojuelas pequeñas pero no dejes que la mezcla hierva. Tostar los piñones en una sartén seca hasta que estén dorados. Transfiera la mezcla de pavo a un plato para servir caliente y sírvala adornada con piñones.

Pato con Brotes de Bambú

Para 4 personas

6 champiñones chinos secos

1 pato

50 g/2 oz de jamón ahumado cortado en tiras

100 g/4 oz de brotes de bambú, cortados en tiras

2 cebolletas (cebolletas verdes), cortadas en tiras

2 rodajas de raíz de jengibre, cortadas en tiras

5 ml/1 cucharadita de sal

Remojar los champiñones en agua tibia durante 30 minutos y luego escurrirlos. Deseche los tallos y corte las tapas en tiras. Coloque todos los ingredientes en un recipiente resistente al calor y colóquelos en una cacerola llena de agua hasta dos tercios de su altura. Llevar a ebullición, tapar y cocinar a fuego lento durante unas 2 horas hasta que el pato esté cocido, añadiendo más agua hirviendo si es necesario.

Pato con brotes de soja

Para 4 personas

225 g/8 oz de brotes de soja
45 ml/3 cucharadas de aceite de maní
450 g/1 libra de carne de pato cocida
15 ml/1 cucharada de salsa de ostras
15 ml/1 cucharada de vino de arroz o jerez seco
30 ml/2 cucharadas de agua
2,5 ml/½ cucharadita de sal

Blanquear los brotes de soja en agua hirviendo durante 2 minutos y luego escurrirlos. Calentar el aceite, sofreír los brotes de soja durante 30 segundos. Agregue el pato y saltee hasta que esté bien caliente. Agrega el resto de los ingredientes y saltea durante 2 minutos para mezclar los sabores. Servir inmediatamente.

Pato estofado

Para 4 personas

4 cebolletas (cebolletas verdes), picadas
1 rodaja de raíz de jengibre, picada
120 ml/4 fl oz/½ taza de salsa de soja
30 ml/2 cucharadas de vino de arroz o jerez seco
1 pato
120 ml / 4 fl oz / ½ taza de aceite de maní (maní)
600 ml/1 pt/2½ tazas de agua
15 ml/1 cucharada de azúcar moreno

Mezcle las cebolletas, el jengibre, la salsa de soja y el vino o jerez y frote el pato por dentro y por fuera. Calentar el aceite y sofreír el pato hasta que esté ligeramente dorado por todos lados. Escurrir el aceite. Agregue el agua y el resto de la mezcla de salsa de soja, deje hervir, cubra y cocine a fuego lento durante 1 hora. Añade el azúcar, tapa y cocina a fuego lento durante 40 minutos más hasta que el pato esté tierno.

Pato al vapor con apio

Para 4 personas

350 g/12 oz de pato cocido, en rodajas
1 cabeza de apio
250 ml/8 oz/1 taza de caldo de pollo
2,5 ml/½ cucharadita de sal
5 ml/1 cucharadita de aceite de sésamo
1 tomate, cortado en cuartos

Coloca el pato sobre una rejilla para vapor. Cortar el apio en trozos de 7,5 cm/3 y colocarlo en una cacerola. Vierte el caldo, sazona con sal y coloca la vaporera sobre la sartén. Lleve el caldo a ebullición y cocine a fuego lento durante unos 15 minutos hasta que el apio esté tierno y el pato caliente. Coloque el pato y el apio en un plato para servir caliente, rocíe el apio con aceite de sésamo y sirva adornado con rodajas de tomate.

Pato con Jengibre

Para 4 personas

350 g/12 oz de pechuga de pato, en rodajas finas

1 huevo, ligeramente batido

5 ml/1 cucharadita de salsa de soja

5 ml/1 cucharadita de maicena (maicena)

5 ml/1 cucharadita de aceite de maní

aceite para freír

50 g de brotes de bambú

50 g/2 oz de guisantes tirabeques

2 rodajas de raíz de jengibre, picada

15 ml/1 cucharada de agua

2,5 ml/½ cucharadita de azúcar

2,5 ml/½ cucharadita de vino de arroz o jerez seco

2,5 ml/½ cucharadita de aceite de sésamo

Mezclar el pato con el huevo, la salsa de soja, la maicena y el aceite y dejar reposar 10 minutos. Calentar el aceite y sofreír el pato y los brotes de bambú hasta que estén cocidos y dorados. Retirar de la sartén y escurrir bien. Vierta todo menos 15 ml/1 cucharada de aceite de la sartén y saltee el pato, los brotes de bambú, la sarna, el jengibre, el agua, el azúcar y el vino o jerez durante 2 minutos. Sirva rociado con aceite de sésamo.

Pato con Judías Verdes

Para 4 personas

1 pato
60 ml/4 cucharadas de aceite de maní
2 dientes de ajo machacados
2,5 ml/½ cucharadita de sal
1 cebolla, picada
15 ml/1 cucharada de raíz de jengibre rallada
45 ml/3 cucharadas de salsa de soja
120 ml/4 fl oz/½ taza de vino de arroz o jerez seco
60 ml/4 cucharadas de ketchup (catsup)
45 ml/3 cucharadas de vinagre de vino
300 ml/½ pt/1 ¼ taza de caldo de pollo
450 g/1 libra de judías verdes, en rodajas
pizca de pimienta recién molida
5 gotas de aceite de chile
15 ml/1 cucharada de maicena (maicena)
30 ml/2 cucharadas de agua

Cortar el pato en 8 o 10 trozos. Calentar el aceite y sofreír el pato hasta que esté dorado. Transfiera a un tazón. Agrega ajo, sal, cebolla, jengibre, salsa de soja, vino o jerez, ketchup y vinagre de vino. Mezclar, tapar y marinar en el frigorífico durante 3 horas.

Calentar el aceite, añadir el pato, el caldo y la marinada, llevar a ebullición, tapar y cocinar a fuego lento durante 1 hora. Agrega los frijoles, tapa y cocina a fuego lento durante 15 minutos. Agregue pimienta y aceite de chile. Mezclar la maicena con el agua, verterla en la cacerola y cocinar a fuego lento, revolviendo, hasta que la salsa espese.

Pato frito al vapor

Para 4 personas

1 pato

sal y pimienta recién molida

aceite para freír

salsa hoisin

Sazone el pato con sal y pimienta y colóquelo en un recipiente resistente al calor. Colóquelo en una cacerola llena con agua hasta dos tercios de su altura, lleve a ebullición, cubra y cocine a fuego lento durante aproximadamente 1,5 horas hasta que el pato esté tierno. Escurrir y dejar enfriar.

Calentar el aceite y sofreír el pato hasta que esté crujiente y dorado. Retirar y escurrir bien. Cortar en trozos pequeños y servir con salsa hoisin.

Pato con Frutas Exóticas

Para 4 personas

4 pechugas de pato cortadas en tiras
2,5 ml/½ cucharadita de cinco especias en polvo
30 ml/2 cucharadas de salsa de soja
15 ml/1 cucharada de aceite de sésamo
15 ml/1 cucharada de aceite de maní
3 tallos de apio, cortados en cubitos
2 rodajas de piña, cortadas en cubitos
100 g/4 oz de melón cortado en cubitos
100 g/4 oz de lichis, cortados por la mitad
130 ml/4 oz/½ taza de caldo de pollo
30 ml/2 cucharadas de puré de tomate (pasta)
30 ml/2 cucharadas de salsa hoisin
10 ml/2 cucharaditas de vinagre de vino
pizca de azúcar moreno

Coloca el pato en un bol. Mezclar el polvo de cinco especias, la salsa de soja y el aceite de sésamo, verter sobre el pato y dejar marinar durante 2 horas, revolviendo de vez en cuando. Calentar el aceite y sofreír el pato durante 8 minutos. Retirar de la sartén. Agrega el apio y la fruta y saltea durante 5 minutos. Regrese el pato a la sartén con el resto de los ingredientes, déjelo hervir y cocine a fuego lento, revolviendo, durante 2 minutos antes de servir.

Pato Estofado Con Hojas Chinas

Para 4 personas

1 pato

30 ml/2 cucharadas de vino de arroz o jerez seco

30 ml/2 cucharadas de salsa hoisin

15 ml/1 cucharada de maicena (maicena)

5 ml/1 cucharadita de sal

5 ml/1 cucharadita de azúcar

60 ml/4 cucharadas de aceite de maní

4 cebolletas (cebolletas verdes), picadas

2 dientes de ajo machacados

1 rodaja de raíz de jengibre, picada

75 ml/5 cucharadas de salsa de soja

600 ml/1 pt/2½ tazas de agua

225 g/8 oz de hojas chinas, ralladas

Cortar el pato en aproximadamente 6 trozos. Mezclar el vino o jerez, la salsa hoisin, la maicena, la sal y el azúcar y pincelar el pato. Dejar reposar 1 hora. Calentar el aceite y sofreír las cebolletas, el ajo y el jengibre durante unos segundos. Añade el pato y sofríe hasta que esté ligeramente dorado por todos lados. Escurrir cualquier exceso de grasa. Vierta la salsa de soja y el agua, lleve a ebullición, tape y cocine a fuego lento durante unos

30 minutos. Añade las hojas chinas, tapa nuevamente y cocina a fuego lento durante otros 30 minutos hasta que el pato esté tierno.

pato borracho

Para 4 personas

2 cebolletas (cebolletas verdes), picadas

2 dientes de ajo, picados

1,5 l/2½ pts/6 tazas de agua

1 pato

450 ml/¾ taza/2 tazas de vino de arroz o jerez seco

Coloque las cebolletas, el ajo y el agua en una cacerola grande y deje hervir. Añade el pato, vuelve a hervir, tapa y cocina a fuego lento durante 45 minutos. Escurrir bien reservando el líquido para el caldo. Deje que el pato se enfríe y luego refrigérelo durante la noche. Corta el pato en trozos y colócalos en un frasco grande con tapa de rosca. Vierta el vino o jerez y refrigere durante aproximadamente 1 semana antes de escurrir y servir frío.

Pato con cinco especias

Para 4 personas

150 ml / ¼ pt / generosa ½ taza de vino de arroz o jerez seco

150 ml/¼ pt/generosa ½ taza de salsa de soja

1 pato

10 ml / 2 cucharaditas de cinco especias en polvo

Llevar a ebullición el vino o el jerez y la salsa de soja. Agregue el pato y cocine a fuego lento, dándole vuelta, durante unos 5 minutos. Retire el pato de la sartén y frote la piel con el polvo de cinco especias. Regrese el ave a la sartén y agregue suficiente agua para cubrir la mitad del pato. Llevar a ebullición, tapar y cocinar a fuego lento durante aproximadamente 1 1/2 horas hasta que el pato esté tierno, volteándolo y rociándolo con frecuencia. Cortar el pato en trozos de 5 cm y servir frío o caliente.

Pato salteado con jengibre

Para 4 personas

1 pato

2 rodajas de raíz de jengibre rallada

2 cebolletas (cebolletas verdes), picadas

15 ml/1 cucharada de maicena (maicena)

30 ml/2 cucharadas de salsa de soja

30 ml/2 cucharadas de vino de arroz o jerez seco

2,5 ml/½ cucharadita de sal

45 ml/3 cucharadas de aceite de maní

Retire la carne de los huesos y córtela en trozos. Mezclar la carne con todos los demás ingredientes excepto el aceite. Dejar reposar 1 hora. Calentar el aceite y sofreír el pato con la marinada durante unos 15 minutos hasta que esté tierno.

Pato con Jamón y Puerros

Para 4 personas

1 pato

450 g/1 libra de jamón ahumado

2 puerros

2 rodajas de raíz de jengibre, picada

45 ml/3 cucharadas de vino de arroz o jerez seco

45 ml/3 cucharadas de salsa de soja

2,5 ml/½ cucharadita de sal

Coloca el pato en una cacerola y cúbrelo con agua fría. Llevar a ebullición, tapar y cocinar a fuego lento durante unos 20 minutos. Escurrir y reservar 450 ml/¾ pts/2 tazas de caldo. Deje que el pato se enfríe un poco, luego retire la carne de los huesos y córtela en cuadrados de 5 cm/2. Cortar el jamón en trozos similares. Cortar trozos largos de puerro y enrollar una loncha de pato y jamón dentro de la hoja y atar con hilo. Colóquelo en un recipiente resistente al calor. Agrega el jengibre, el vino o jerez, la salsa de soja y la sal al caldo reservado y viértelo sobre los rollitos de pato. Coloque el tazón en una cacerola llena de agua hasta que cubra dos tercios de los lados del tazón. Llevar a ebullición, tapar y cocinar a fuego lento durante aproximadamente 1 hora hasta que el pato esté tierno.

Pato asado con miel

Para 4 personas

1 pato

sal

3 dientes de ajo machacados

3 cebolletas (cebolletas verdes), cortadas en rodajas

45 ml/3 cucharadas de salsa de soja

45 ml/3 cucharadas de vino de arroz o jerez seco

45 ml/3 cucharadas de miel

200 ml/7 fl oz/solo 1 taza de agua hirviendo

Seque el pato y frótelo con sal por dentro y por fuera. Mezcle el ajo, las cebolletas, la salsa de soja y el vino o jerez y luego divida la mezcla en dos. Mezclar la miel por la mitad y frotar sobre el pato y dejar secar. Agrega el agua a la mezcla de miel restante. Vierta la mezcla de salsa de soja en la cavidad del pato y colóquelo sobre una rejilla en una fuente para asar con un poco de agua en el fondo. Hornee en un horno precalentado a 180 °C/350 °F/termostato de gas 4 durante aproximadamente 2 horas hasta que el pato esté tierno, rociando durante todo el tiempo de cocción con la mezcla de miel restante.

Pato asado suave

Para 4 personas

6 cebolletas (cebolletas verdes), picadas

2 rodajas de raíz de jengibre, picada

1 pato

2,5 ml/½ cucharadita de anís molido

15 ml/1 cucharada de azúcar

45 ml/3 cucharadas de vino de arroz o jerez seco

60 ml/4 cucharadas de salsa de soja

250 ml/8 oz/1 taza de agua

Coloque la mitad de las cebolletas y el jengibre en una cacerola grande de base pesada. Coloca el resto en la cavidad del pato y agrégalo a la sartén. Agregue todos los demás ingredientes excepto la salsa hoisin, lleve a ebullición, cubra y cocine a fuego lento durante aproximadamente 1,5 horas, volteando ocasionalmente. Retire el pato de la sartén y déjelo secar durante unas 4 horas.

Coloque el pato sobre una rejilla en una fuente para asar llena de un poco de agua fría. Ase en el horno precalentado a 230 °C/450 °F/termostato 8 durante 15 minutos, luego déles la vuelta y cocine durante 10 minutos más hasta que estén crujientes.

Mientras tanto, recalienta el líquido reservado y vierte sobre el pato para servir.

Pato salteado con champiñones

Para 4 personas

1 pato
75 ml/5 cucharadas de aceite de maní
45 ml/3 cucharadas de vino de arroz o jerez seco
15 ml/1 cucharada de salsa de soja
15 ml/1 cucharada de azúcar
5 ml/1 cucharadita de sal
pizca de pimienta
2 dientes de ajo machacados
225 g/8 oz de champiñones, cortados por la mitad
600 ml/1 pt/2½ tazas de caldo de pollo
15 ml/1 cucharada de maicena (maicena)
30 ml/2 cucharadas de agua
5 ml/1 cucharadita de aceite de sésamo

Cortar el pato en trozos de 5 cm. Calentar 45 ml/3 cucharadas de aceite y freír el pato hasta que esté ligeramente dorado por todos lados. Agrega el vino o jerez, la salsa de soja, el azúcar, la sal y la pimienta y sofríe durante 4 minutos. Retirar de la sartén. Calentar el aceite restante y sofreír los ajos hasta que estén ligeramente dorados. Agrega los champiñones y revuelve hasta que estén cubiertos de aceite, luego regresa la mezcla de pato a la sartén y agrega el caldo. Llevar a ebullición, tapar y cocinar a fuego lento durante aproximadamente 1 hora hasta que el pato esté tierno. Mezcle la maicena y el agua para hacer una pasta, luego incorpórela a la mezcla y cocine a fuego lento, revolviendo, hasta que la salsa espese.

Pato con Dos Setas

Para 4 personas

6 champiñones chinos secos
1 pato
750 ml/1 ¼ pts/3 tazas de caldo de pollo
45 ml/3 cucharadas de vino de arroz o jerez seco
5 ml/1 cucharadita de sal
100 g/4 oz de brotes de bambú, cortados en tiras
100 g/4 oz de champiñones

Remojar los champiñones en agua tibia durante 30 minutos y luego escurrirlos. Deseche los tallos y corte las tapas por la mitad. Coloque el pato en un recipiente grande resistente al calor con el caldo, el vino o jerez y la sal y colóquelo en una cacerola llena de agua hasta que cubra dos tercios de los lados del recipiente. Llevar a ebullición, tapar y cocinar a fuego lento durante unas 2 horas hasta que el pato esté tierno. Retirar de la sartén y cortar la carne del hueso. Transfiera el líquido de cocción a una cacerola aparte. Coloca los brotes de bambú y los dos tipos de champiñones en el fondo del recipiente de vapor, reemplaza la carne de pato, tapa y cocina por otros 30 minutos. Llevar a ebullición el líquido de cocción y verter sobre el pato para servir.

Pato estofado con cebolla

Para 4 personas

4 champiñones chinos secos
1 pato
90 ml/6 cucharadas de salsa de soja
60 ml/4 cucharadas de aceite de maní
1 cebolleta (cebolla verde), picada
1 rodaja de raíz de jengibre, picada
45 ml/3 cucharadas de vino de arroz o jerez seco
450 g/1 libra de cebollas cortadas en rodajas
100 g/4 oz de brotes de bambú, en rodajas
15 ml/1 cucharada de azúcar moreno
15 ml/1 cucharada de maicena (maicena)
45 ml/3 cucharadas de agua

Remojar los champiñones en agua tibia durante 30 minutos y luego escurrirlos. Deseche los tallos y corte las tapas. Frote 15 ml/1 cucharada de salsa de soja en el pato. Reservar 15ml/1 cucharada de aceite, calentar el aceite restante y sofreír la cebolleta y el jengibre hasta que estén ligeramente dorados.

Añade el pato y sofríe hasta que esté ligeramente dorado por todos lados. Deseche el exceso de grasa. Agregue el vino o jerez, el resto de la salsa de soja a la sartén y suficiente agua para casi cubrir el pato. Llevar a ebullición, tapar y cocinar a fuego lento durante 1 hora, volteando ocasionalmente.

Calentar el aceite reservado y sofreír las cebollas hasta que estén blandas. Retire del fuego y agregue los brotes de bambú y los champiñones, luego agréguelos al pato, cubra y cocine a fuego lento durante 30 minutos más hasta que el pato esté tierno. Retire el pato de la sartén, córtelo en trozos y colóquelo en un plato para servir caliente. Lleve a ebullición los líquidos de la cacerola, agregue el azúcar y la maicena y cocine a fuego lento, revolviendo, hasta que la mezcla hierva y espese. Vierta sobre el pato para servir.

Pato a la naranja

Para 4 personas

1 pato
3 cebolletas (cebolletas verdes), cortadas en trozos
2 rodajas de raíz de jengibre, cortadas en tiras
1 rodaja de ralladura de naranja
sal y pimienta recién molida

Coloque el pato en una cacerola grande, cúbralo con agua y déjelo hervir. Añade las cebolletas, el jengibre y la ralladura de naranja, tapa y cocina a fuego lento durante aproximadamente 1,5 horas hasta que el pato esté tierno. Sazone con sal y pimienta, escurra y sirva.

Pato asado con naranja

Para 4 personas

1 pato
2 dientes de ajo, cortados por la mitad
45 ml/3 cucharadas de aceite de maní
1 cebolla
1 naranja
120 ml/4 fl oz/½ taza de vino de arroz o jerez seco
2 rodajas de raíz de jengibre, picada
5 ml/1 cucharadita de sal

Frote el ajo sobre el pato por dentro y por fuera y luego unte con aceite. Pincha la cebolla pelada con un tenedor, colócala junto con la naranja sin pelar dentro de la cavidad del pato y ciérrala con una brocheta. Coloque el pato sobre una rejilla sobre una fuente para asar llena con un poco de agua caliente y ase en un horno precalentado a 160°C/325°F/termostato de gas 3 durante aproximadamente 2 horas. Deseche los líquidos y devuelva el pato a la fuente para asar. Vierta el vino o el jerez y espolvoree con jengibre y sal. Regrese al horno por otros 30 minutos. Echa la cebolla y la naranja y corta el pato en trozos. Vierta el jugo de la cocción sobre el pato para servir.

Pato con Peras y Castañas

Para 4 personas

225 g/8 oz de castañas sin cáscara

1 pato

45 ml/3 cucharadas de aceite de maní

250 ml/8 oz/1 taza de caldo de pollo

45 ml/3 cucharadas de salsa de soja

15 ml/1 cucharada de vino de arroz o jerez seco

5 ml/1 cucharadita de sal

1 rodaja de raíz de jengibre, picada

1 pera grande, pelada y cortada en rodajas gruesas

15 ml/1 cucharada de azúcar

Hervir las castañas durante 15 minutos y luego escurrirlas. Cortar el pato en trozos de 5 cm. Calentar el aceite y sofreír el pato hasta que esté ligeramente dorado por todos lados. Escurre el exceso de aceite y luego añade el caldo, la salsa de soja, el vino o jerez, la sal y el jengibre. Llevar a ebullición, tapar y cocinar a fuego lento durante 25 minutos, revolviendo ocasionalmente. Agrega las castañas, tapa y cocina a fuego lento durante otros 15 minutos. Espolvorea la pera con azúcar, agrégala a la sartén y cocina a fuego lento durante unos 5 minutos hasta que esté completamente caliente.

Pato Pekín

Para 6 personas

1 pato

250 ml/8 oz/1 taza de agua

120 ml/4 oz/½ taza de miel

120 ml/4 fl oz/½ taza de aceite de sésamo

Para los panqueques:

250 ml/8 oz/1 taza de agua

225 g/8 oz/2 tazas de harina común (para todo uso)

aceite de maní (maní) para freír

Para las salsas:

120 ml/4 oz/½ taza de salsa hoisin

30 ml/2 cucharadas de azúcar moreno

30 ml/2 cucharadas de salsa de soja

5 ml/1 cucharadita de aceite de sésamo

6 cebolletas (cebolletas verdes), cortadas a lo largo

1 pepino, cortado en tiras

El pato debe estar entero con la piel intacta. Ate bien el cuello con cordel y cosa o cosa la abertura inferior. Haz un pequeño corte en el costado del cuello, inserta una pajita y sopla aire debajo de la piel hasta que esté hinchada. Suspender el pato sobre un recipiente y dejarlo colgar durante 1 hora.

Llevar a ebullición una cacerola con agua, añadir el pato y dejar hervir durante 1 minuto, luego retirar y secar bien. Hierva el agua y agregue la miel. Frote la mezcla sobre la piel del pato hasta que esté saturada. Cuelga el pato sobre un recipiente en un lugar fresco y ventilado durante aproximadamente 8 horas hasta que la piel esté dura.

Cuelga el pato o colócalo sobre una rejilla sobre una fuente para asar y ásalo en un horno precalentado a 180°C/350°F/termostato de gas 4 durante aproximadamente 1,5 horas, rociándolo regularmente con aceite de sésamo.

Para hacer las tortitas, hierve el agua y luego añade poco a poco la harina. Amasar ligeramente hasta que la masa esté suave, tapar con un paño húmedo y dejar reposar 15 minutos. Extiende sobre una superficie enharinada y forma un cilindro largo. Córtelo en rodajas de 2,5 cm/1 pulgada, luego aplánelo hasta obtener un grosor de aproximadamente 5 mm/¼ de pulgada y unte la parte superior con aceite. Apile en pares con las superficies engrasadas tocándose y espolvoree ligeramente el exterior con harina. Extienda los pares hasta que tengan unos 10 cm de diámetro y cocínelos en pares durante aproximadamente 1 minuto por cada lado hasta que estén ligeramente dorados. Separe y apile hasta que esté listo para servir.

Prepare las salsas mezclando la mitad de la salsa hoisin con el azúcar y mezclando el resto de la salsa hoisin con la salsa de soja y el aceite de sésamo.

Sacar el pato del horno, quitarle la piel y cortarlo en cuadritos, luego cortar la carne en cubos. Disponga en platos separados y sirva con panqueques, salsas y guarniciones.

Pato estofado con piña

Para 4 personas

1 pato
400 g/14 oz de trozos de piña enlatada en almíbar
45 ml/3 cucharadas de salsa de soja
5 ml/1 cucharadita de sal
pizca de pimienta recién molida

Coloque el pato en una cacerola de base pesada, cúbralo solo con agua, déjelo hervir, cubra y cocine a fuego lento durante 1 hora.

Escurre el almíbar de piña en la cacerola con la salsa de soja, agrega sal y pimienta, tapa y cocina a fuego lento durante otros 30 minutos. Añade los trozos de piña y cocina a fuego lento durante otros 15 minutos hasta que el pato esté tierno.

Pato salteado con piña

Para 4 personas

1 pato
45 ml/3 cucharadas de maicena (maicena)
45 ml/3 cucharadas de salsa de soja
225 g/8 oz de piña en almíbar enlatada
45 ml/3 cucharadas de aceite de maní
2 rodajas de raíz de jengibre, cortadas en tiras
15 ml/1 cucharada de vino de arroz o jerez seco
5 ml/1 cucharadita de sal

Cortar la carne del hueso y cortarla en trozos. Mezcle la salsa de soja con 30 ml/2 cucharadas de maicena y agregue al pato hasta que esté bien cubierto. Dejar actuar 1 hora, revolviendo de vez en cuando. Triturar la piña y el almíbar y calentar a fuego lento en un cazo. Mezclar el resto de la maicena con un poco de agua, verter en la sartén y cocinar a fuego lento, revolviendo, hasta que la salsa espese. Manténgase caliente. Calentar el aceite y sofreír el jengibre hasta que esté ligeramente dorado, luego echar el jengibre. Añade el pato y saltea hasta que esté ligeramente dorado por todos lados. Añadimos el vino o jerez y la sal y sofreímos unos minutos más hasta que el pato esté cocido.

Pato, Piña y Jengibre

Para 4 personas

1 pato
100 g/4 oz de jengibre confitado en almíbar
200 g/7 oz de trozos de piña en almíbar en lata
5 ml/1 cucharadita de sal
15 ml/1 cucharada de maicena (maicena)
30 ml/2 cucharadas de agua

Coloque el pato en un recipiente resistente al calor y colóquelo en una cacerola llena de agua hasta que cubra dos tercios de los lados del recipiente. Llevar a ebullición, tapar y cocinar a fuego lento durante unas 2 horas hasta que el pato esté tierno. Retirar el pato y dejar enfriar un poco. Quitar la piel y los huesos y cortar el pato en trozos. Colóquelo en una fuente para servir y manténgalo caliente.

Escurrir el almíbar de jengibre y piña en un cazo, añadir la sal, la maicena y el agua. Llevar a ebullición, revolviendo, y cocinar a fuego lento durante unos minutos, revolviendo, hasta que la salsa se aclare y espese. Agrega el jengibre y la piña, revuelve y vierte sobre el pato para servir.

Pato con Piña y Lichis

Para 4 personas

4 pechugas de pato
15 ml/1 cucharada de salsa de soja
1 diente de anís estrellado
1 rodaja de raíz de jengibre
aceite de maní (maní) para freír
90 ml/6 cucharadas de vinagre de vino
100 g/4 oz/½ taza de azúcar moreno
250 ml/8 oz/½ taza de caldo de pollo
15 ml/1 cucharada de ketchup (catsup)
200 g/7 oz de trozos de piña en almíbar en lata
15 ml/1 cucharada de maicena (maicena)
6 lichis enlatados
6 cerezas marrasquino

Coloca los patos, la salsa de soja, el anís y el jengibre en una cacerola y cúbrelos con agua fría. Llevar a ebullición, desnatar, tapar y cocinar a fuego lento durante unos 45 minutos hasta que el pato esté cocido. Escurrir y secar. Freír en aceite caliente hasta que estén crujientes.

Mientras tanto, combine el vinagre de vino, el azúcar, el caldo, el ketchup y 30 ml/2 cucharadas de jarabe de piña en una cacerola, lleve a ebullición y cocine a fuego lento durante unos 5 minutos hasta que espese. Agregue la fruta y vuelva a calentar antes de verterla sobre el pato para servir.

Pato con Cerdo y Castañas

Para 4 personas

6 champiñones chinos secos

1 pato

225 g/8 oz de castañas sin cáscara

225 g/8 oz de carne magra de cerdo, cortada en cubos

3 cebolletas (cebolletas verdes), picadas

1 rodaja de raíz de jengibre, picada

250 ml/8 oz/1 taza de salsa de soja

900 ml/1 ½ pt/3 ¾ tazas de agua

Remojar los champiñones en agua tibia durante 30 minutos y luego escurrirlos. Deseche los tallos y corte las tapas. Coloque en una cacerola grande con todos los ingredientes restantes, lleve a ebullición, tape y cocine a fuego lento durante aproximadamente 1,5 horas hasta que el pato esté cocido.

pato con patatas

Para 4 personas
75 ml/5 cucharadas de aceite de maní
1 pato
3 dientes de ajo machacados
30 ml/2 cucharadas de salsa de frijoles negros
10 ml/2 cucharaditas de sal
1,2 l/2 pts/5 tazas de agua
2 puerros, en rodajas gruesas
15 ml/1 cucharada de azúcar
45 ml/3 cucharadas de salsa de soja
60 ml/4 cucharadas de vino de arroz o jerez seco
1 diente de anís estrellado

900 g/2 lb de patatas, en rodajas gruesas
½ cabeza de hojas chinas
15 ml/1 cucharada de maicena (maicena)
30 ml/2 cucharadas de agua
ramitas de perejil de hoja plana

Calentar 60 ml/4 cucharadas de aceite y sofreír el pato hasta que esté dorado por todos lados. Ate o cosa el extremo del cuello y coloque el pato, con el cuello hacia abajo, en un recipiente hondo. Calentar el aceite restante y sofreír los ajos hasta que estén ligeramente dorados. Agrega la salsa de frijoles negros y la sal y saltea durante 1 minuto. Añade el agua, los puerros, el azúcar, la salsa de soja, el vino o jerez y el anís estrellado y lleva a ebullición. Vierta 120 ml/8 fl oz/1 taza de la mezcla en la cavidad del pato y ate o cosa para asegurar. Lleva a ebullición la mezcla restante en la cacerola. Añade el pato y las patatas, tapa y cocina a fuego lento durante 40 minutos, volteando el pato una vez. Coloca las hojas chinas en un plato para servir. Retirar el pato de la sartén, cortarlo en trozos de 5 cm y colocarlo en la fuente con las patatas. Mezclar la pasta de maicena con el agua, verterla en la cacerola y cocinar a fuego lento, revolviendo, hasta que la salsa espese.

pato rojo

Para 4 personas

1 pato

4 cebolletas (cebolletas verdes), cortadas en trozos

2 rodajas de raíz de jengibre, cortadas en tiras

90 ml/6 cucharadas de salsa de soja

45 ml/3 cucharadas de vino de arroz o jerez seco

10 ml/2 cucharaditas de sal

10 ml/2 cucharaditas de azúcar

Coloque el pato en una cacerola de base pesada, simplemente cúbralo con agua y déjelo hervir. Agregue las cebolletas, el jengibre, el vino o jerez y la sal, cubra y cocine a fuego lento durante aproximadamente 1 hora. Agrega el azúcar y cocina a fuego lento durante otros 45 minutos hasta que el pato esté tierno. Corta el pato en un plato para servir y sírvelo frío o caliente, con o sin salsa.

Pato asado al vino de arroz

Para 4 personas

1 pato
500 ml/14 fl oz/1¾ tazas de vino de arroz o jerez seco
5 ml/1 cucharadita de sal
45 ml/3 cucharadas de salsa de soja

Colocar el pato en una cacerola de fondo grueso con el jerez y la sal, llevar a ebullición, tapar y cocinar a fuego lento durante 20 minutos. Escurrir el pato, reservar el líquido y untar con salsa de soja. Colóquelos sobre una rejilla en una fuente para asar llena con un poco de agua caliente y ase en un horno precalentado a

180 °C/350 °F/termostato 4 durante aproximadamente 1 hora, rociando regularmente con el vino líquido reservado.

Pato al vapor con vino de arroz

Para 4 personas

1 pato

4 cebolletas (cebolletas verdes), cortadas por la mitad

1 rodaja de raíz de jengibre, picada

250 ml/8 fl oz/1 taza de vino de arroz o jerez seco

30 ml/2 cucharadas de salsa de soja

pizca de sal

Blanquear el pato en agua hirviendo durante 5 minutos y escurrir. Colocar en un bol resistente al calor con el resto de los ingredientes. Coloque el tazón en una cacerola llena con agua hasta dos tercios de los lados del tazón. Llevar a ebullición, tapar y cocinar a fuego lento durante unas 2 horas hasta que el pato esté tierno. Deseche las cebolletas y el jengibre antes de servir.

Pato sabroso

Para 4 personas

45 ml/3 cucharadas de aceite de maní

4 pechugas de pato

3 cebolletas (cebolletas verdes), cortadas en rodajas

2 dientes de ajo machacados

1 rodaja de raíz de jengibre, picada

250 ml/8 oz/1 taza de salsa de soja

30 ml/2 cucharadas de vino de arroz o jerez seco

30 ml/2 cucharadas de azúcar moreno

5 ml/1 cucharadita de sal

450 ml/¾ pt/2 tazas de agua

15 ml/1 cucharada de maicena (maicena)

Calentar el aceite y sofreír las pechugas de pato hasta que estén doradas. Agrega las cebolletas, el ajo y el jengibre y saltea durante 2 minutos. Agrega la salsa de soja, el vino o jerez, el azúcar y la sal y mezcla bien. Agrega el agua, lleva a ebullición, tapa y cocina a fuego lento durante aproximadamente 1 hora 30 minutos hasta que la carne esté muy tierna. Mezcle la maicena con un poco de agua, luego viértala en la sartén y cocine a fuego lento, revolviendo, hasta que la salsa espese.

Pato salado con judías verdes

Para 4 personas

45 ml/3 cucharadas de aceite de maní

4 pechugas de pato

3 cebolletas (cebolletas verdes), cortadas en rodajas

2 dientes de ajo machacados

1 rodaja de raíz de jengibre, picada

250 ml/8 oz/1 taza de salsa de soja

30 ml/2 cucharadas de vino de arroz o jerez seco

30 ml/2 cucharadas de azúcar moreno

5 ml/1 cucharadita de sal

450 ml/¾ pt/2 tazas de agua
225 g/8 oz de judías verdes
15 ml/1 cucharada de maicena (maicena)

Calentar el aceite y sofreír las pechugas de pato hasta que estén doradas. Agrega las cebolletas, el ajo y el jengibre y saltea durante 2 minutos. Agrega la salsa de soja, el vino o jerez, el azúcar y la sal y mezcla bien. Agregue agua, hierva, cubra y cocine a fuego lento durante unos 45 minutos. Agrega los frijoles, tapa y cocina a fuego lento durante otros 20 minutos. Mezcle la maicena con un poco de agua, luego viértala en la sartén y cocine a fuego lento, revolviendo, hasta que la salsa espese.

Pato Guisado

Para 4 personas

1 pato
50 g/2 oz/½ taza de harina de maíz (almidón de maíz)
aceite para freír
2 dientes de ajo machacados
30 ml/2 cucharadas de vino de arroz o jerez seco
30 ml/2 cucharadas de salsa de soja
5 ml/1 cucharadita de raíz de jengibre rallada
750 ml/1¼ pts/3 tazas de caldo de pollo

4 champiñones chinos secos
225 g/8 oz de brotes de bambú, en rodajas
225 g/8 oz de castañas de agua, en rodajas
10 ml/2 cucharaditas de azúcar
pizca de pimienta
5 cebolletas (cebolletas verdes), cortadas en rodajas

Corta el pato en trozos del tamaño de una ración. Reserva 30 ml/2 cucharadas de maicena y cubre el pato con la maicena restante. Quitar el exceso de polvo. Calentar el aceite y sofreír los ajos y el pato hasta que se doren ligeramente. Retirar de la sartén y escurrir sobre toallas de papel. Coloca el pato en una cacerola grande. Mezclar el vino o jerez, 15 ml/1 cucharada de salsa de soja y el jengibre. Agregue a la sartén y cocine a fuego alto durante 2 minutos. Añade la mitad del caldo, lleva a ebullición, tapa y cocina a fuego lento durante aproximadamente 1 hora hasta que el pato esté tierno.

Mientras tanto, remoja los champiñones en agua tibia durante 30 minutos y luego escúrrelos. Deseche los tallos y corte las tapas. Añade las setas, los brotes de bambú y las castañas de agua al pato y cocina, revolviendo frecuentemente, durante 5 minutos. Quite la grasa del líquido. Mezcle el caldo restante, la maicena y la salsa de soja con el azúcar y la pimienta y revuelva en la sartén. Llevar a ebullición, revolviendo, luego cocinar a fuego lento durante unos 5 minutos hasta que la salsa espese. Transfiera a un tazón para servir caliente y sirva adornado con cebolletas.

Pato Salteado

Para 4 personas

1 clara de huevo, ligeramente batida
20 ml/1½ cucharada de maicena (maicena)
sal
450 g/1 libra de pechugas de pato, en rodajas finas
45 ml/3 cucharadas de aceite de maní
2 cebolletas (cebolletas verdes), cortadas en tiras
1 pimiento verde, cortado en tiras

5 ml/1 cucharadita de vino de arroz o jerez seco

75 ml/5 cucharadas de caldo de pollo

2,5 ml/½ cucharadita de azúcar

Batir la clara con 15 ml/1 cucharada de maicena y una pizca de sal. Añade las rodajas de pato y revuelve hasta que el pato esté cubierto. Calentar el aceite y freír el pato hasta que esté bien cocido y dorado. Retire el pato de la sartén y escurra todo menos 30 ml/2 cucharadas de aceite. Agrega las cebolletas y el pimiento y saltea durante 3 minutos. Añadir el vino o jerez, el caldo y el azúcar y llevar a ebullición. Mezclar el resto de la maicena con un poco de agua, agregarla a la salsa y cocinar a fuego lento, revolviendo, hasta que la salsa espese. Agrega el pato, recalienta y sirve.

Pato con batatas

Para 4 personas

1 pato

250 ml / 8 fl oz / 1 taza de aceite de maní

225 g/8 oz de batatas, peladas y cortadas en cubos

2 dientes de ajo machacados

1 rodaja de raíz de jengibre, picada

2,5 ml/½ cucharadita de canela

2,5 ml/½ cucharadita. cucharadita de clavo molido

pizca de anís molido

5 ml/1 cucharadita de azúcar

15 ml/1 cucharada de salsa de soja

250 ml/8 oz/1 taza de caldo de pollo

15 ml/1 cucharada de maicena (maicena)

30 ml/2 cucharadas de agua

Cortar el pato en trozos de 5 cm. Calentar el aceite y sofreír las patatas hasta que estén doradas. Retírelos de la sartén y escurra todo menos 30 ml/2 cucharadas de aceite. Agrega el ajo y el jengibre y saltea durante 30 segundos. Añade el pato y sofríe hasta que esté ligeramente dorado por todos lados. Añade las especias, el azúcar, la salsa de soja y el caldo y deja hervir. Añade las patatas, tapa y cocina a fuego lento durante unos 20 minutos hasta que el pato esté tierno. Mezcle la pasta de maicena con el agua, luego viértala en la sartén y cocine a fuego lento, revolviendo, hasta que la salsa espese.

Pato agridulce

Para 4 personas

1 pato

1,2 l/2 pts/5 tazas de caldo de pollo

2 cebollas

2 zanahorias

2 dientes de ajo, rebanados

15 ml/1 cucharada de especias para encurtir

10 ml/2 cucharaditas de sal

10 ml/2 cucharaditas de aceite de maní

6 cebolletas (cebolletas verdes), picadas
1 mango, pelado y cortado en cubos
12 lichis, cortados por la mitad
15 ml/1 cucharada de maicena (maicena)
15 ml/1 cucharada de vinagre de vino
10 ml/2 cucharaditas de puré de tomate (pasta)
15 ml/1 cucharada de salsa de soja
5 ml/1 cucharadita de cinco especias en polvo
300 ml/½ pt/1¼ taza de caldo de pollo

Coloque el pato en una cesta vaporera sobre una cacerola que contenga el caldo, la cebolla, la zanahoria, el ajo, las especias para encurtir y la sal. Tapar y cocinar al vapor durante 2h30. Enfriar el pato, tapar y refrigerar durante 6 horas. Retire la carne de los huesos y córtela en cubos. Calentar el aceite y sofreír el pato y las cebolletas hasta que estén crujientes. Agregue el resto de los ingredientes, lleve a ebullición y cocine a fuego lento durante 2 minutos, revolviendo, hasta que la salsa espese.

Pato mandarín

Para 4 personas

1 pato

60 ml/4 cucharadas de aceite de maní

1 trozo de cáscara de mandarina seca

900 ml/1½ pt/3¾ tazas de caldo de pollo

5 ml/1 cucharadita de sal

Cuelga el pato para que se seque durante 2 horas. Calentar la mitad del aceite y sofreír el pato hasta que esté ligeramente dorado. Transfiera a un tazón grande resistente al calor. Calentar el resto del aceite y dorar la ralladura de mandarina durante 2 minutos y luego colocarla dentro del pato. Vierte el caldo sobre el pato y sazona con sal. Coloque el recipiente sobre una rejilla en una vaporera, cubra y cocine al vapor durante aproximadamente 2 horas hasta que el pato esté tierno.

Pato con Verduras

Para 4 personas

1 pato grande cortado en 16 trozos

sal

300 ml/½ pt/1¼ taza de agua

300 ml/½ pt/1¼ taza de vino blanco seco

120 ml/4 fl oz/½ taza de vinagre de vino

45 ml/3 cucharadas de salsa de soja

30 ml/2 cucharadas de salsa de ciruela

30 ml/2 cucharadas de salsa hoisin

5 ml/1 cucharadita de cinco especias en polvo

6 cebolletas (cebolletas verdes), picadas

2 zanahorias, picadas

5 cm/2 rábano blanco picado

50 g/2 oz de repollo chino, cortado en cubitos

pimienta recién molida

5 ml/1 cucharadita de azúcar

Poner los trozos de pato en un bol, espolvorear con sal y añadir el agua y el vino. Agregue el vinagre de vino, la salsa de soja, la salsa de ciruela, la salsa hoisin y las cinco especias en polvo, deje hervir, cubra y cocine a fuego lento durante aproximadamente 1 hora. Agrega las verduras a la sartén, retira la tapa y cocina a fuego lento durante otros 10 minutos. Sazonar con sal, pimienta y azúcar y dejar enfriar. Cubra y refrigere durante la noche. Desengrasar y recalentar el pato en la salsa durante 20 minutos.

Pato salteado con verduras

Para 4 personas

4 champiñones chinos secos

1 pato

10 ml/2 cucharaditas de maicena (maicena)

15 ml/1 cucharada de salsa de soja

45 ml/3 cucharadas de aceite de maní

100 g/4 oz de brotes de bambú, cortados en tiras

50 g/2 oz de castañas de agua, cortadas en tiras

120 ml/4 oz/½ taza de caldo de pollo

15 ml/1 cucharada de vino de arroz o jerez seco

5 ml/1 cucharadita de sal

Remojar los champiñones en agua tibia durante 30 minutos y luego escurrirlos. Deseche los tallos y corte las tapas. Retire la carne de los huesos y córtela en trozos. Mezclar la maicena y la salsa de soja, añadir a la carne de pato y dejar reposar 1 hora. Calentar el aceite y sofreír el pato hasta que esté ligeramente dorado por todos lados. Retirar de la sartén. Añade las setas, los brotes de bambú y las castañas de agua a la sartén y sofríe durante 3 minutos. Añade el caldo, el vino o jerez y la sal, lleva a ebullición y cocina a fuego lento durante 3 minutos. Regrese el pato a la sartén, tape y cocine a fuego lento durante otros 10 minutos hasta que el pato esté tierno.

pato blanco

Para 4 personas

1 rodaja de raíz de jengibre, picada
250 ml/8 fl oz/1 taza de vino de arroz o jerez seco
sal y pimienta recién molida
1 pato
3 cebolletas (cebolletas verdes), picadas
5 ml/1 cucharadita de sal
100 g/4 oz de brotes de bambú, en rodajas
100 g/4 oz de jamón ahumado, rebanado

Mezclar el jengibre, 15 ml/1 cucharada de vino o jerez, un poco de sal y pimienta. Frotar el pato y dejar reposar 1 hora. Coloque las aves en una cacerola de base pesada con la marinada y agregue las cebolletas y la sal. Agregue suficiente agua fría para cubrir el pato, hierva, cubra y cocine a fuego lento durante aproximadamente 2 horas hasta que el pato esté tierno. Añade los brotes de bambú y el jamón y cocina a fuego lento durante otros 10 minutos.

pato al vino

Para 4 personas

1 pato
15 ml/1 cucharada de salsa de frijoles amarillos
1 cebolla, rebanada
1 botella de vino blanco seco

Frote el interior y el exterior del pato con la salsa de frijoles amarillos. Coloca la cebolla dentro de la cavidad. Llevar a ebullición el vino en una cacerola grande, añadir el pato, volver a hervir, tapar y cocinar a fuego lento lo más suave posible durante unas 3 horas hasta que el pato esté tierno. Escurrir y cortar en rodajas para servir.

Pato al vapor al vino

Para 4 personas

1 pato

sal de apio

200 ml / 7 onzas líquidas. / sólo 1 taza de vino de arroz o jerez seco

30 ml/2 cucharadas de perejil fresco picado

Frote el pato con sal de apio por dentro y por fuera y luego colóquelo en una fuente para horno honda. Colocar una fuente refractaria que contenga el vino en la cavidad del pato. Coloque el plato sobre una rejilla en una vaporera, cubra y cocine al vapor con agua hirviendo durante aproximadamente 2 horas hasta que el pato esté tierno.

haciendo viernes

Para 4 personas

900 g/2 libra de faisán

30 ml/2 cucharadas de salsa de soja

4 huevos batidos

120 ml / 4 fl oz / ½ taza de aceite de maní (maní)

Deshuesar el faisán y cortar la carne en rodajas. Mezclar con salsa de soja y dejar reposar durante 30 minutos. Escurre el faisán y sumérgelo en los huevos. Calentar el aceite y sofreír rápidamente el faisán hasta que esté dorado. Escurrir bien antes de servir.

faisán con almendras

Para 4 personas

45 ml/3 cucharadas de aceite de maní
2 cebolletas (cebolletas verdes), picadas
1 rodaja de raíz de jengibre, picada
225 g/8 oz de faisán, en rodajas muy finas

50 g/2 oz de jamón rallado
30 ml/2 cucharadas de salsa de soja
30 ml/2 cucharadas de vino de arroz o jerez seco
5 ml/1 cucharadita de azúcar
5 ml/1 cucharadita de pimienta recién molida
2,5 ml/½ cucharadita de sal
100 g/4 oz/1 taza de almendras en hojuelas

Calentar el aceite y sofreír las cebolletas y el jengibre hasta que estén ligeramente dorados. Agrega el faisán y el jamón y saltea durante 5 minutos hasta que esté casi cocido. Agrega la salsa de soja, el vino o jerez, el azúcar, la pimienta y la sal y saltea durante 2 minutos. Agrega las almendras y saltea durante 1 minuto hasta que los ingredientes estén bien combinados.

Venado con Champiñones Secos

Para 4 personas

8 champiñones chinos secos
450 g/1 libra de filete de venado, cortado en tiras
15 ml/1 cucharada de bayas de enebro molidas
15 ml/1 cucharada de aceite de sésamo

30 ml/2 cucharadas de salsa de soja

30 ml/2 cucharadas de salsa hoisin

5 ml/1 cucharadita de cinco especias en polvo

30 ml/2 cucharadas de aceite de maní

6 cebolletas (cebolletas verdes), picadas

30 ml/2 cucharadas de miel

30 ml/2 cucharadas de vinagre de vino

Remojar los champiñones en agua tibia durante 30 minutos y luego escurrirlos. Deseche los tallos y corte las tapas. Coloque el venado en un bol. Mezclar las bayas de enebro, el aceite de sésamo, la salsa de soja, la salsa hoisin y el polvo de cinco especias, verter sobre la caza y dejar marinar durante al menos 3 horas, revolviendo de vez en cuando. Calienta el aceite y saltea la carne durante 8 minutos hasta que esté cocida. Retirar de la sartén. Agrega las cebolletas y los champiñones a la sartén y saltea durante 3 minutos. Regrese la carne a la sartén con la miel y el vinagre de vino y vuelva a calentar mientras revuelve.

huevos salados

dar 6

1,2 l/2 pts/5 tazas de agua

100 g/4 oz de sal de roca

6 huevos de pato

Llevar a ebullición el agua con la sal y remover hasta que la sal se disuelva. Dejar enfriar. Verter el agua con sal en una jarra grande, agregar los huevos, tapar y dejar reposar 1 mes. Hervir los huevos duros antes de cocinarlos al vapor con arroz.

www.ingramcontent.com/pod-product-compliance
Lightning Source LLC
Chambersburg PA
CBHW050347120526
44590CB00015B/1587